모든 의를 이루신 예수 그리스도 III

마태복음 강해 설교집

김 사무엘

목 차

머리말

1. 지옥에 갈 죄인인 줄 알아야 구원을 받습니다　・　6
　　마 15:1-20
2. 심령이 가난한 자를 긍휼히 여기시는 주님　・　16
　　마 15:21-39
3. 바리새인과 사두개인의 누룩을 주의하라　・　26
　　마 16:1-12
4. 예수님은 그리스도시요 하나님의 아들입니다　・　36
　　마 16:13-28
5. 우리의 벗이 되어 주신 하나님의 아들　・　50
　　마 17:1-13
6. 하나님은 우리의 믿음 위에 역사하신다　・　60
　　마 17:14-20
7. 복음 전파의 훼방 거리를 주지 말라　・　72
　　마 17:22-27
8. 연약하고 부족한 자를 구원하시는 주님　・　82
　　마 18:1-10
9. 자기의 의를 잃어버린 자를 구원하시는 주님　・　94
　　마 18:12-14
10. 하나님의 교회는 살리는 일을 합니다　・　104
　　마 18:15-20

11. 네가 입은 큰 긍휼을 잊지 말라
 마 18:21-35
 • 116

12. 음행한 경우에만 이혼하게 하신 이유
 마 19:1-12
 • 126

13. 자기 의의 부자는 천국에 들어가지 못합니다
 마 19:13-30
 • 136

14. 행위가 아니라 믿음으로 얻는 구원
 마 20:1-16
 • 150

15. 진리의 사랑으로 서로 섬겨라
 마 20:17-28
 • 162

16. 너희 죄 없이 함을 받으라
 마 20:29-34
 • 174

17. 주께서 우리를 마음껏 쓰시게 하자
 마 21:1-9
 • 186

18. 하나님께서 우리를 기도하는 자들로 세우셨다
 마 21:10-22
 • 198

19. 하늘로부터 온 요한의 세례
 마 21:23-46
 • 208

머 리 말

예수님은 포도원 품꾼의 비유를 말씀하신 후에, **"이와 같이 나중 된 자로서 먼저 되고 먼저 된 자로서 나중 되리라"**(마 20:16)고 말씀하셨습니다. 이는 **"어떤 자가 구원의 은총을 입느냐?"**라는 비밀을 계시하신 말씀입니다. 자기 의에 있어서 **"나중 된 자"**가, 즉 **"심령이 가난한 자"**(the poor in spirit)가 먼저 천국 혼인잔치의 예복으로 주시는 **"하나님의 의"**를 옷 입고 구원을 받습니다.

"심령이 가난한 자"란 자기의 악함과 부족을 인정하고 하나님의 은혜를 갈구하는 자입니다. 그와 반대로 **"먼저 된 자"**란 **"심령이 부유한 자"**입니다. 바리새인들처럼 자기 의의 부자들은 다른 사람보다 자신을 높이는 교만한 사람입니다. 영적인 부자들이 천국에 들어가는 것은 낙타가 바늘귀로 들어가는 것보다 어렵습니다. 그런 사람은 그의 잘남이나 옳음이 다 깨어지기 전에는 하나님의 나라에 들어가지 못합니다.

여러분은 여전히 자기가 다른 이들보다 잘나고 의롭다고 생각합니까? **"심령이 가난한 자"**(마 5:3)는 하나님 앞에서 아무것도 내세울 것이 없는 유구무언의 심령입니다. 하나님께서는 자기의 의에 있어서 **"나중 된 자"**에게 포도원 품꾼에게 주셨던 구원의 **"한 데나리온"**을 먼저 주십니다. 여러분은 모두 구원의 **"한 데나리온"**을 선물로 받았습니까?

지옥에 갈 죄인인 줄 알아야 구원을 받습니다

"그때에 바리새인과 서기관들이 예루살렘으로부터 예수께 나아와 가로되

당신의 제자들이 어찌하여 장로들의 유전을 범하나이까 떡 먹을 때에 손을 씻지 아니하나이다

대답하여 가라사대 너희는 어찌하여 너희 유전으로 하나님의 계명을 범하느뇨

하나님이 이르셨으되 네 부모를 공경하라 하시고 또 아비나 어미를 훼방하는 자는 반드시 죽으리라 하셨거늘

너희는 가로되 누구든지 아비에게나 어미에게 말하기를 내가 드려 유익하게 할것이 하나님께 드림이 되었다고 하기만 하면

그 부모를 공경할 것이 없다 하여 너희 유전으로 하나님의 말씀을 폐하는도다

외식하는 자들아 이사야가 너희에게 대하여 잘 예언하였도다 일렀으되

이 백성이 입술로는 나를 존경하되 마음은 내게서 멀도다

사람의 계명으로 교훈을 삼아 가르치니 나를 헛되이 경배하는도다 하였느니라 하시고

무리를 불러 이르시되 듣고 깨달으라

입에 들어가는 것이 사람을 더럽게 하는 것이 아니라 입에서 나오는 그것이 사람을 더럽게 하는 것이니라

이에 제자들이 나아와 가로되 바리새인들이 이 말씀을 듣고 걸

림이 된 줄 아시나이까

예수께서 대답하여 가라사대 심은 것마다 내 천부께서 심으시지 않은 것은 뽑힐 것이니

그냥 두어라 저희는 소경이 되어 소경을 인도하는 자로다 만일 소경이 소경을 인도하면 둘이 다 구덩이에 빠지리라 하신대

베드로가 대답하여 가로되 이 비유를 우리에게 설명하여 주옵소서

예수께서 가라사대 너희도 아직까지 깨달음이 없느냐

입으로 들어가는 모든 것은 배로 들어가서 뒤로 내어 버려지는 줄을 알지 못하느냐

입에서 나오는 것들은 마음에서 나오나니 이것이야말로 사람을 더럽게 하느니라

마음에서 나오는 것은 악한 생각과 살인과 간음과 음란과 도적질과 거짓 증거와 훼방이니

이런 것들이 사람을 더럽게 하는 것이요 씻지 않은 손으로 먹는 것은 사람을 더럽게 하지 못하느니라"(마 15:1-20).

대부분의 사람들은 자신의 꼬락서니를 전혀 모릅니다. 우리는 자기가 꽤나 잘난 줄 알고 선한 줄 알지만 천만의 말씀입니다. "**만물보다 거짓되고 심히 부패한 것은 마음이라 누가 능히 이를 알리요마는**"(렘 17:9)—이 말씀은 우리의 마음은 심히 부패하고 거짓되지만, 그런 사실을 깨닫고 인정하는 자는 거의 없다는 뜻입니다. 이 세상에 존재하는 모든 것들을 일컬어 만물(萬物)이라고 부르는데, 만물 중에는 똥이나 썩은 시체도 있습니다. 똥이나 시체보다 더 더러운 것이 우리의 마음인데, 그러한 사실을 인정하는 사람은

거의 없습니다. 하나님의 말씀을 들을 때는 고개를 끄덕끄덕하며 자기가 더럽다고 인정하는 듯하지만, 뒤를 돌아서면 자기가 다른 사람보다는 선하고 의롭다는 생각에 사로잡히기가 일쑤입니다. "똥개도 자기 집 앞에서는 50점을 먹고 들어간다"라는 우스갯소리가 있듯이, 대부분의 사람들은 보통 자기 자신에게 50점 정도의 기본 점수를 줍니다. 그러니까 조금만 가산점(加算點)을 주면 7-80점은 쉽게 됩니다. 여러분도 "나는 괜찮은 사람이다. 나는 평균 이상은 된다"라고 스스로 생각하지 않습니까? 우리는 사단 마귀에게 속아서 자신이 의롭고 선한 줄 압니다. 그러나 하나님께서는 우리의 마음이 만물보다 더 썩었고 거짓되다고 말씀하십니다. 하나님의 말씀이 진리입니다. 진리의 말씀을 믿음으로 자기 자신을 인정하는 자가 **"심령이 가난한 자"**(마 5:3)이고 하나님께로부터 은혜를 받는 자입니다.

거듭나지 못한 종교인들의 외식(外飾)

바리새인들(the Pharisees)은 자기 꼬락서니를 모르는 대표 선수들입니다. 그들은 자기들이 다른 이들보다 경건하며 의로워서 하나님을 가장 잘 섬기고 있다고 자부하는 자들이었습니다. 그들은 율법을 중요시하고 외모로 거룩한 척을 잘하는 무리였습니다. 그래서 주님께서는 그렇게 외식하는 자들을 향해서 **"이 백성이 입술로는 나를 존경하되 마음은 내게서 멀도다"**(마 15:8)라고 책망하셨습니다. 주님께서는 바리새인들의 거짓된 마음을 꿰뚫어 보셨기에, **"화 있을찐저 외식하는 서기관들과 바리새인들이여 잔과 대접의 겉은 깨끗이 하되 그 안에는 탐욕과 방탕으로 가득하게 하는도다. 소경

된 바리새인아 너는 먼저 안을 깨끗이 하라 그리하면 겉도 깨끗하리라"(마 23:25-26) 하고 그들을 책망하셨습니다.

바리새인은 영적 소경들이었습니다. 그런 주제에 다른 영혼들을 인도하겠다고 꼴값을 떨었습니다. 죄 사함을 받지 못해서 흑암(黑巖) 같은 죄가 마음을 덮고 있는 자는 누구나 영적인 소경입니다. 소경은 앞을 보지 못하기 때문에 어디가 길인지 어디가 시궁창인지 알 수가 없습니다. 그러니 소경이 소경을 인도하겠다는 일이 얼마나 무모한 짓입니까? 그래서 주님은 그들의 만용에 대해서, **"저희는 소경이 되어 소경을 인도하는 자로다 만일 소경이 소경을 인도하면 둘이 다 구덩이에 빠지리라"**(마 15:14)고 지적하셨습니다. 또 "소경이 코끼리 만지듯 한다"라는 속담도 있지 않습니까? 소경 여러 명이 각각 코끼리를 만지고 나름대로 자신 있게 코끼리에 대해서 정의를 내렸습니다. "내가 보건대 코끼리는 넓은 벽이여!"—이 소경은 코끼리의 배를 만졌습니다. "아녀! 코끼리는 큰 기둥이여!"—이 소경은 앞다리를 끌어안아 보았습니다. "아녀! 무슨 소리들을 하는 거여! 코끼리는 굵은 호스 같은데, 그 끝에서 더운 바람이 나와!"—이 소경은 코끼리의 코를 붙들었습니다. 참으로 웃지 못할 장면입니다. 소경들이 코끼리에 대해서 연구하고 논쟁을 한들 제대로 된 결론을 도출할 수 있겠습니까? 거듭나지 못한 영적 소경들이 주장하는 신학과 교리들도 그와 같이 터무니없는 것들입니다.

오늘의 기독교는 죄 사함을 받지 못한 영적 소경들, 즉 현대판 바리새인들로 가득합니다. 그러니 그들이 어떻게 다른 영혼들을 인도할 수 있겠습니까? 거듭나지 못한 목사들이 교인들을 천국으로 인도하겠다고 만용을 부리지만 그들은 결국 모두 다 함께 지옥으로 굴러떨어지고 말 것입니다. 마음에 죄가 있는 영적 소경들은 먼저 죄 사함을 받아야 합니다. 죄 사함을 받아야 **"하나님의 의"(롬 1:17)**를 옷 입고 천국의 영생을 누릴 수 있으며, 진리의 복음으로 다른 사람을 거듭나게 인도할 수도 있습니다. 우리가 진리의 복음으로 죄 사함을 받고 의인이 되면, 비록 육신은 여전히 부족해도 하나님께서 기뻐하시는 의의 길을 걸어갈 수 있습니다. **"여호와의 도는 정직하니 의인이라야 그 도에 행하리라 그러나 죄인은 그 도에 거쳐 넘어지리라"**(호 14:9)고 말씀하셨습니다.

예수님과 제자들을 정죄한 바리새인들

바리새인들이 예수님을 시험하려고 예루살렘에서부터 왔는데, 그들은 예수님의 제자들이 씻지 않은 손으로 음식을 집어 먹는 장면을 목격했습니다. 바리새인들이 용납할 수 없는 일이 벌어졌으니 그들은 "저것들은 죄인임에 틀림없다"라는 확신으로 예수님의 제자들을 정죄(定罪)했습니다. 당시의 바리새인들은 자기 조상들로부터 받은 유전(遺傳)을 충성스럽게 지켰는데, 외출을 했다가 집에 돌아오거나 음식을 먹기 전에는 손발을 깨끗이 씻는 것도 조상의 유전(전통) 중의 하나였습니다.

바리새인들은 깨끗한 척, 경건한 척을 잘하는 자들이었습니다. 어떤 사람이 거룩한 척하고 행동거지를 절제한다고 하나님께서 그를 의롭다고 인정하십니까? 깨끗이 손을 씻고 음식을 먹는다고 그 사람이 거룩해집니까? 더러운 손으로 음식을 먹는다고 사람의 마음이 더러워지고 죄가 쌓이는 것은 절대로 아닙니다. 사람은 근본 죄 덩어리이기 때문에 태어날 때부터 마음속에 들어 있는 죄의 인자(因子)들이 기회를 따라 쏟아져 나와서 사람을 더럽게 하는 것입니다. 이 부분의 말씀은 마가복음에 더 자세히 기록되어 있습니다.

"무엇이든지 밖에서 사람에게로 들어가는 것은 능히 사람을 더럽게 하지 못하되 사람 안에서 나오는 것이 사람을 더럽게 하는 것이니라 하시고 무리를 떠나 집으로 들어가시니 제자들이 그 비유를 묻자온대 예수께서 이르시되 너희도 이렇게 깨달음이 없느냐 무엇이든지 밖에서 들어가는 것이 능히 사람을 더럽게 하지 못함을 알지 못하느냐 이는 마음에 들어가지 아니하고 배에 들어가 뒤로 나감이니라 하심으로 모든 식물을 깨끗하다 하셨느니라 또 가라사대 사람에게서 나오는 그것이 사람을 더럽게 하느니라 속에서 곧 사람의 마음에서 나오는 것은 악한 생각 곧 음란과 도적질과 살인과 간음과 탐욕과 악독과 속임과 음탕과 흘기는 눈과 훼방과 교만과 광패니 이 모든 악한 것이 다 속에서 나와서 사람을 더럽게 하느니라"(막 7:15-23).

씻지 않은 손으로 음식을 먹는다고 우리가 죄인이 되는 것은 결코 아닙니다. 우리가 먹는 것들은 다 배로 들어갔다가 뒤로 나가는 것이지, 그것들이 마음으로 들어가는 것은 아닙니다. 우리는 태어날 때부터 근본적으로 마음 안에 온갖 죄의 인자(因子)들을 가지고 태어났습니다. 위에 열거된 죄의 인자들을 하나씩 집어가면서 자기의 마음속을 들여다보십시오. 저와 여러분의 마음 안에 자기만을 사랑하고 자기의 욕심만 채우려는 각종 악한 생각이 도사리고 있지 않습니까? "남의 염장 곪는 것보다 내 손톱 밑의 가시가 더 아프다"라는 속담처럼 우리 모든 사람은 근본적으로 이기적이고 악합니다.

우리의 마음이 음란(淫亂)하지 않습니까? 예수님께서 **"여자를 보고 음욕을 품는 자마다 마음에 이미 간음하였느니라"**(마 5:28)고 말씀하셨습니다. 이 말씀 앞에서 저와 여러분은 항상 음탕한 마음을 품고 간음을 하는 자가 아닙니까? 또 우리의 마음에는 탐욕과 도둑질이라는 죄의 인자(因子)가 들어 있어서 어떤 환경을 만나면 그런 죄가 생각이나 말이나 행동으로 쏟아져 나옵니다. 만일 여러분이 어느 골목길을 걷고 있는데 발 앞에 오만 원짜리 돈다발이 떨어져 있다고 하면 여러분은 갑자기 심장이 쿵쾅거리면서 동그란 눈으로 좌우를 살펴보지 않겠습니까? 왜 그런 행동을 하겠습니까? 탐욕과 도둑질이라는 죄가 발동했기 때문입니다.

우리 모두는 광패(狂悖)하며 살인하는 자들입니다. 광패란 "미쳐서 날뛰다"라는 뜻입니다. 우리의 마음에 분노가 쌓이면 미친 마음이 올라와서 손에 들고 있는 물건을 깨부수기도 하고 고래고래 소리를 지르기도 합니다. 누가 나를 괴롭히고 손해를 입히면 그 사람을 죽이고자 하는 마음이 속에서 올라옵니다. 그런 사람을 대할 때에는 우리의 눈에서 레이저 광선이 나옵니다. 가인은 여호와 하나님을 떠나 에덴 동편의 놋(Nod) 땅에 거하면서 후손들을 낳았는데, 그 후손 중에 라멕(Lamech)이라는 자가 있었습니다. 그는 자기의 화를 못 이겨서 사람을 죽이고 돌아와서는 자기의 아내들에게, **"아다와 씰라여 내 소리를 들으라 라멕의 아내들이여 내 말을 들으라 나의 창상을 인하여 내가 사람을 죽였고 나의 상함을 인하여 소년을 죽였도다 가인을 위하여는 벌이 칠 배일진대 라멕을 위하여는 벌이 칠십 칠 배이리로다"**(창 4:23-24)라고 외쳤습니다. 한 가지 상해를 당하면 77배로 갚아야 직성이 풀리는 존재가 바로 광패(狂悖)한 우리들입니다. 여러분들도 살인하는 마음이 있지 않습니까? 저에게는 살인하는 마음이 있습니다. 또한 저와 여러분은 **교만한** 자들입니다. 누가 저를 무시하면 저는 화가 치밀어 오릅니다. "내가 너보다 낫다"라는 교만한 생각을 늘 품고 사는데 남이 나를 무시하면 마음에 상처를 받고 자기도 그 사람을 비난하고 무시하게 됩니다. **"가인을 위하여는 벌이 칠 배일진대 라멕을 위하여는 벌이 칠십칠 배이리로다"**라고 외친 라멕의 심경이 우리 모두의 악독한 마음입니다.

자기의 악함을 시인하고 주님께 자백해야 합니다

오늘의 본문에는 우리의 마음에서 나오는 죄들을 **"악한 생각과 살인과 간음과 음란과 도적질과 거짓 증거와 훼방"**의 일곱 가지로 열거하고 있습니다만, 위에서 본 바대로 마가복음에서는 악한 생각 외에도 12가지의 죄들이 우리의 마음에 장착(裝着)되어 있다고 열거하고 있습니다. 우리는 그렇게 악한 자들입니다. 그러니 우리는 자기의 꼬락서니를 제대로 깨닫고 주님 앞에 나와서 긍휼을 구해야 합니다. 여러분이 만일 아직 죄 사함을 받지 못한 영적 소경이라면, "주님, 저는 근본 죄 덩어리입니다. 내 마음 안에는 선한 것이 조금도 없습니다. 주님께서 저의 죄를 따라 심판하시면 저는 반드시 지옥에 가야 할 자입니다. 주님, 저를 불쌍히 여겨주십시오" 하고 주님의 긍휼을 바라야 합니다.

그러면 주님께서는 여러분을 **"물과 피의 복음"**으로 만나 주셔서 여러분의 마음에서 모든 죄를 흰 눈처럼 깨끗이 씻어 주실 것입니다. 자기가 얼마나 악한지를 알기 때문에 하나님의 의에 주리고 목마른 사람이 바로 **"심령이 가난한 자"**(마 5:3)입니다. 우리는 자기 꼬락서니도 제대로 모른 채 자기가 선하고 잘난 줄 알고 바리새인처럼 살다가 지옥에 갈 자들이었습니다. 그런데 하나님께서 진리의 말씀으로 우리의 마음속을 밝히 보여 주셨습니다. 주님께서 진리의 말씀으로 우리의 마음의 실상을 밝히 보여 주실 때에, 정직한 사람은 자기의 근본 모습을 깨닫고 자기를 불쌍히 여겨달라고 하나님께 무릎을 꿇습니다. 그러면 긍휼에 풍성하신 하나님께서는 진리의 복음으로 우리를 만나 주시고 우리의 모든 죄를 단번에 사해 주십니다. 자기가 죄 덩어리여서 지옥에 갈 수밖에 없는 자라고 탄식하는 자, 즉 **"심령이 가난한 자"**를 주님께서 반드시 만나 주십니다. 그리고 당신의 완전한 의로 우리의 모든 죄를 없애 주십니다.

우리가 어떤 존재인지를 다 아시면서, 우리의 부족과 악함을 문제 삼지 않으시며, 당신 편에서 완전한 구원을 베풀어 주신 주님께 감사를 드립니다.

말씀을 마쳤습니다.

심령이 가난한 자를
궁휼히 여기시는 주님

"예수께서 거기서 나가사 두로와 시돈 지방으로 들어가시니

가나안 여자 하나가 그 지경에서 나와서 소리질러 가로되 주 다윗의 자손이여 나를 불쌍히 여기소서 내 딸이 흉악히 귀신들렸나이다 하되

예수는 한 말씀도 대답지 아니하시니 제자들이 와서 청하여 말하되 그 여자가 우리 뒤에서 소리를 지르오니 보내소서

예수께서 대답하여 가라사대 나는 이스라엘 집의 잃어 버린 양 외에는 다른데로 보내심을 받지 아니하였노라 하신대

여자가 와서 예수께 절하며 가로되 주여 저를 도우소서

대답하여 가라사대 자녀의 떡을 취하여 개들에게 던짐이 마땅치 아니하니라

여자가 가로되 주여 옳소이다마는 개들도 제 주인의 상에서 떨어지는 부스러기를 먹나이다 하니

이에 예수께서 대답하여 가라사대 여자야 네 믿음이 크도다 네 소원대로 되리라 하시니 그 시로부터 그의 딸이 나으니라

예수께서 거기서 떠나사 갈릴리 호숫가에 이르러 산에 올라가 거기 앉으시니

큰 무리가 절뚝발이와 불구자와 소경과 벙어리와 기타 여럿을 데리고 와서 예수의 발앞에 두매 고쳐 주시니

벙어리가 말하고 불구자가 건전하고 절뚝발이가 걸으며 소경이 보는 것을 무리가 보고 기이히 여겨 이스라엘의 하나님께 영광을

돌리니라

예수께서 제자들을 불러 가라사대 내가 무리를 불쌍히 여기노라 저희가 나와 함께 있은지 이미 사흘이매 먹을 것이 없도다 길에서 기진할까 하여 굶겨 보내지 못하겠노라

제자들이 가로되 광야에 있어 우리가 어디서 이런 무리의 배부를만큼 떡을 얻으리이까

예수께서 가라사대 너희에게 떡이 몇 개나 있느냐 가로되 일곱 개와 작은 생선 두어 마리가 있나이다 하거늘

예수께서 무리를 명하사 땅에 앉게 하시고

떡 일곱 개와 그 생선을 가지사 축사하시고 떼어 제자들에게 주시니 제자들이 무리에게 주매

다 배불리 먹고 남은 조각을 일곱 광주리에 차게 거두었으며

먹은 자는 여자와 아이 외에 사천 명이었더라

예수께서 무리를 흩어 보내시고 배에 오르사 마가단 지경에 가시니라"(마 15:21-39).

오늘의 본문 말씀은 크게 두 부분으로 나눌 수 있습니다. 전반부의 말씀은 주님께서 귀신이 들려 괴로워하고 있었던 가나안 여인의 딸을 고쳐 주신 치유(治癒)의 기사입니다. 후반부의 말씀은 많은 무리가 광야에서 사흘이나 주님을 따라다녔기에 먹을 것이 없어서 주렸을 때에 주님이 떡 일곱 개와 물고기 두 마리로 그들을 배불리 먹이셨다는 이적(異蹟)의 기사입니다.

"가나안 여자"라고 마태복음에 기록된 이 여인을 마가복음은 **"헬라인이요 수로보니게 족속(a Syrophenician by nation)이라"**(막 7:26)고 더 구체적으로 밝히고 있습니다. 이 이방인 여자의 딸이

귀신들려서 몹시 괴로워하고 있었는데 그 여인이 예수님께 와서 자기의 딸에게서 귀신을 쫓아내 달라고 간청을 했습니다. 예수님께서는 그 여인의 청을 거절하시는 듯이 "**나는 이스라엘 집의 잃어버린 양 외에는 다른 데로 보내심을 받지 아니하였노라**"라고 말씀하셨습니다. 그런데도 그 여인이 포기하지 않고 계속 간청하자, 주님은 "**자녀의 떡을 취하여 개들에게 던짐이 마땅치 아니하니라**"라고 매몰차게 말씀하셨습니다. 그러니까 "너희는 개만도 못하고 너희의 사정은 내가 상관할 일이 아니다"라고 주님께서 말씀하신 셈입니다. 그런데 예수님이 그렇게 자신을 박대하셨는데도 불구하고, 이 여자는 "맞습니다. 저는 개만도 못합니다. 그렇지만 개도 주인 상에서 떨어지는 음식 부스러기를 얻어 먹지 않습니까?" 하며 끝까지 주님께 간청을 드렸습니다. 주님께서는 이 여인에게, "**여자야 네 믿음이 크도다 네 소원대로 되리라**"라고 말씀하셨습니다. 그리고 그 여인의 딸은 그 시(時)로 고침을 받았습니다.

이 여인은 예수님을 "**다윗의 자손**" 즉 메시아라고 믿었습니다. 그녀는 예수님을 인류를 구원하기 위해서 육신을 입고 오신 하나님이라고 믿었기에, 또 하나님은 당신에게 긍휼을 바라고 나오는 자를 절대로 물리치지 않는 자비의 하나님이라고 믿었기에, 예수님께 긍휼을 베풀어 달라고 끝까지 간청을 드렸습니다. 그런 믿음이 올바른 믿음이고 "**큰 믿음**"입니다.

"**믿음이 없이는 기쁘시게 못하나니 하나님께 나아가는 자는 반드시 그가 계신 것과 또한 그가 자기를 찾는 자들에게 상 주시는 이심을 믿어야 할지니라**"(히 11:6)고 말씀하십니다. 우리가 하나님을 믿는다고 할 때에, 그 믿음의 내용은 두 가지입니다. 우리는 첫째 "**하나님이 반드시 계시다**"라고 믿습니다. 기독교인들 중에는 하나님께서 살아 계신 것을 믿지 못하는 사람이 많습니다. 그런 사람은 사회적인 관계나 심리적인 이유로 신앙생활을 합니다. 즉 사업상 또는 인간관계에 도움이 되기 때문에 교회에 나가는 사람들이 많습니다. 어떤 사람들은 바르게 살아 보려고 또는 마음의 평안을 얻으려고 교회에 나갑니다. 이런 사람들은 그저 "교회에 다니는 사람들"(church goers)이지 "거듭난 기독교인들"(the born-again Christians)은 아닙니다.

"**물과 피의 복음**"으로 거듭난 우리는 "**하나님께서 반드시 살아 계신 것**"을 믿습니다. 하나님은 우리와 상관없이 저 우주 밖에 아주 멀리 계신 분이 아니라 우리의 삶 가운데, 우리의 마음 안에 계시며 역사하십니다. 하나님께서는 우리의 머리카락까지도 센 바 되신다고 성경은 말씀합니다. 하나님께서는 우리의 모든 사정을 다 아십니다. "**하나님께서 반드시 계신다**"라는 믿음이 올바른 믿음의 첫 단추입니다.

우리는 둘째로 "**하나님은 자기에게 나아오는 자들에게 상 주시는 분이다**"라고 믿습니다. 하나님께서는 하나님께 도움을 구하고 나아오는 자들에게 상(賞)을 주십니다. 그리고 하나님께서 주시는 제일 큰 상은 구원의 상입니다. 하나님은 자기의 죄로 인해 괴로워하며 하나님의 긍휼을 바라고 나오는 자들, 즉 "**심령이 가난한 자들**"(마 5:3)에게 "**죄 사함으로 말미암는 구원**"(눅 1:77)의 상(賞)을 주십니다. 또한 하나님께서는 죄 사함을 받아서 거듭난 당신의 자녀들이 의의 길을 가기 위해서 필요한 모든 것들을 구할 때에도 넉넉히 공급해 주십니다. 하나님은 이와 같이 당신에게 나아오는 자들에게 풍성한 상과 은혜를 베풀어 주시는 분입니다.

이 가나안 여인도 그러한 믿음으로 주님 앞에 나왔습니다. 예수님은 상 주시는 하나님이기에, 예수님께 나아가서 자기의 사정을 아뢰면 주님은 반드시 해결해 주시리라고 이 여인은 믿었습니다. 그래서 얼핏 들으면 예수님께서 자기를 천대하시고 배척하시는 것 같았지만, 이 여인은 주님께 대한 믿음이 흔들리지 않았고 끝까지 주님의 긍휼을 바랄 수 있었습니다. 이 여인은 그런 귀한 믿음으로 주님께로 나아가서 귀신들린 딸을 구원할 수 있었습니다. 하나님께서는 우리의 믿음 위에 역사하시며 은혜를 베푸십니다.

자기를 낮추는 자가 얻는 구원

"큰 무리가 절뚝발이와 불구자와 소경과 벙어리와 기타 여럿을 데리고 와서 예수의 발앞에 두매 고쳐 주시니 벙어리가 말하고 불구자가 건전하고 절뚝발이가 걸으며 소경이 보는 것을 무리가 보고 기이히 여겨 이스라엘의 하나님께 영광을 돌리니라"(마 15:30-31).

예수님은 부족한 자들에게 긍휼을 베푸시는 자비의 하나님입니다. 은혜를 입은 가나안 여자나 고침을 받은 많은 장애인들은 하나같이 자기 부족을 아는 자들입니다. 자기의 악함과 부족을 아는 자들이 주님께 은혜를 입습니다. 이것이 영적인 세계의 대원리(大原理)입니다. 우리들이 신앙생활하는 데 있어서 자기가 얼마나 악하며 부족한 자인지 알아야, 즉 주님 앞에서 자기를 낮추는 자라야 죄 사함도 받고 믿음의 사람이 됩니다. 반대로 "나는 너보다 낫다. 나는 선하고 훌륭한 사람이다"라고 자기를 높이는 사람은 결코 죄 사함을 받지 못합니다. 바리새인들을 보십시오. 그들은 자기의 의와 교만이 충만했던 자들입니다. 그런데 바리새인들이나 서기관들은 예수님을 배척하고 핍박하는 일에는 선봉에 섰던 자들입니다. **"주 앞에서 낮추라 그리하면 주께서 너희를 높이시리라"**(약 4:10)고 말씀하십니다. 주님께서는 자기를 낮추는 자를 높이시고, 자기를 높이는 자를 낮추십니다. 이것이 영적인 세계의 대원칙(大原則)입니다.

우리는 모두 범죄한 아담의 후손입니다. 하나님 앞에서 마음이 정직한 사람은 자기가 얼마나 추하고 악하며 부족하고 연약한 존재인지를 인정할 수밖에 없습니다. 오늘의 본문에 등장하는 가나안 여자나 주님께서 고쳐 주실 것을 바라고 주님께 나왔던 모든 불구자들은 다 자기를 낮출 수밖에 없는 자들이었습니다. 지금도 그렇지만 예수님 당시의 사람들은 불구자들을 더욱더 정죄하고 업신여겼습니다. 불구자들은 자기나 자기 부모의 죄 때문에 그런 천벌을 받았다고 그들은 단정했습니다. 그래서 장애인들은 사람들 앞에서 고개도 들지 못하고 늘 천대를 받으며 살았습니다. 그런데 자기가 부족한 줄 알고 주님의 긍휼을 바라는 자들만이 주님을 만났습니다. 주님께서는 그렇게 마음이 깨어진 자들에게 은혜를 베풀어 주셨습니다. 우리도 그와 같은 깨어지고 상한 심령이 되는 것이 하나님의 은혜를 풍성하게 입게 되는 비결입니다.

우리의 연약함을 체휼(體恤)하시는 주님

먹을 것이 부족했던 그 시절에 많은 사람들이 장애인들이나 병자들을 데리고 사흘 동안이나 예수님을 따라다녔으니 그들은 굶주렸습니다. 그런데 예수님께서는 우리와 같은 육신을 입고 오셨기 때문에 우리의 연약함을 잘 아시고 우리를 체휼하시는 분입니다.

예수님께서 제자들에게 "내가 무리를 불쌍히 여기노라 저희가 나와 함께 있은지 이미 사흘이매 먹을 것이 없도다 길에서 기진할까 하여 굶겨 보내지 못하겠노라"(마 15:32)고 말씀하셨습니다. 제자들은 "우리가 광야에 있는데 어디에서 이렇게 많은 사람들이 배불리 먹을 만큼의 떡을 구하겠습니까?" 하고 주님께 반문(反問)했습니다. 예수님께서 제자들에게 "너희에게 떡이 몇 개나 있느냐?"라고 물으셨습니다. 제자들은 "**일곱 개와 작은 생선 두어 마리가 있나이다**" 하고 대답했습니다.

주님께서 떡 일곱 개와 작은 생선 두 마리 위에 축복의 기도를 하시고 떡과 물고기를 제자들에게 나눠 주셨습니다. 그러자 그들은 모두 배불리 먹고 남은 것을 일곱 광주리에 가득 차게 거둬들였습니다. 고등비평학(Higher Criticism)에 속한 신학자들은 이 이적을 믿지 않습니다. "어떻게 그런 일이 있을 수 있느냐? 그것은 예수님께서 '나누는 것이 사랑이다'라고 가르치셨기 때문에 말씀에 감동을 받은 사람들이 감추어 두었던 음식을 내어놓아서 그렇게 풍족하게 먹고도 남는 역사가 일어난 것을 의미한다. 이 기적은 마음의 감동으로 일어난 현상이다"—고등비평학자들은 이렇게 주장합니다.

그러나 예수님은 하나님입니다. 하나님에게는 불가능한 일이 없습니다. 하나님은 "**없는 것을 있는 것같이 부르시는 이**"(롬 4:17)입니다. 태초에 우주를 만드실 때에는 하나님께서만 홀로 계셨고 아무것도 없었습니다. 그런데 하나님께서는 "있으라"라는 말씀 한 마디로 한순간에 온 우주를 창조하셨습니다. "**땅은 풀과 씨 맺는 채소와 각기 종류대로 씨 가진 열매 맺는 과목을 내라**"(창 1:11)고 말씀하시자, 각종 식물(植物)들이 온 땅을 덮었습니다. "**물들은 생물로 번성케 하라 땅 위 하늘의 궁창에는 새가 날으라**"라고 말씀하시자, 강과 바다 그리고 호수에는 각종 물고기들이 넘쳐나게 되었고 각기 종류대로 새들이 날아오르면서 창공을 뒤덮었습니다.

고등비평학에 속한 신학자들은 떡 일곱 개와 작은 물고기 두 마리로 여자와 아이들 외에 장정만 사천 명을 배불리 먹게 하신 이적을 도저히 믿을 수가 없습니다. 그러나 하나님께서는 전능하십니다. 주님께는 불가능한 일이 없습니다. 하나님께서는 **"능히 이 돌들로도 아브라함의 자손이 되게"**(눅 3:8) 하실 수 있는 분입니다. 떡이나 물고기가 전혀 없었어도 주님은 **"없는 것을 있는 것같이 부르시는 이"**이기 때문에, 얼마든지 말씀만 하시면 떡과 물고기를 만드실 수 있었습니다. 하나님은 당신의 전능한 능력으로 우리의 모든 문제를 해결해 주실 수 있는 분입니다. 사람의 뇌는 주먹 두 개 크기입니다. 고등비평학에 속한 신학자들은 그렇게 보잘것없는 뇌 두 쪽을 가지고 하나님의 신성과 전능한 능력을 과소평가하고 있으니 참으로 가소롭습니다.

완전한 진리의 복음만 있으면

지금 예수님의 제자들에게는 **"떡 일곱 개와 작은 생선 두 마리"**가 있었습니다. 큰 무리를 먹이기에는 제자들에게 있는 것이 참으로 적은 양입니다. 그런데 우리에게 있는 것들이 비록 변변치 못할지라도 주님의 능력을 믿고 주님께 드릴 때에, 그 위에 하나님께서 역사하시면 얼마든지 엄청난 이적이 일어납니다. 우리가 지금 문서 선교를 하고 있는데, 우리의 재능이나 은사나 물질은 아주 적습니다. 우리는 복음 전파를 위해서 우리에게 있는 변변찮은 것들을 주님께 드린 셈입니다. 그러나 그 위에 주님께서 역사하시면 엄청난 생명의 역사들이 일어날 것입니다. 우리가 주님께 드린 것들은 사실 다 주님께로부터 온 것입니다. 우리에게 있는 것 중에 하나님께로부터 받지 않은 것이 어디 있습니까? **"이는 만물이 주에게서 나오고 주로 말미암고 주에게로 돌아감이라"**(롬 11:36)고 말씀하셨습니다. 우리의 생명조차도 주님께서 주신 것이 아닙니까? 그래서 우리에게 있는 것들을 주님께 다시 드리는 것이 마땅하고 복된 것입니다.

　주님께서는 우리에게 **"떡 일곱 개와 작은 생선 두 마리"**를 주셨습니다. **"떡 일곱 개"**는 "완전한 생명의 말씀", 즉 원형(原形)의 복음을 의미합니다. **"물고기 두 마리"**도 의인들에게 주신 진리의 말씀을 의미합니다. 우리에게 있는 것이 영혼들을 살리는 영생의 양식입니다. 우리가 믿고 고백한 진리의 복음 위에 주님께서 역사하시면 수많은 영혼들이 구원을 받습니다. 우리는 참으로 부족하고 가진 것도 별로 없지만, 우리에게 있는 완전한 구원의 복음 위에 주님께서 축복하시면 엄청난 구원의 역사가 일어날 줄을 저는 확신합니다.

　할렐루야! 말씀을 마쳤습니다.

바리새인과 사두개인의 누룩을 주의하라

"바리새인과 사두개인들이 와서 예수를 시험하여 하늘로서 오는 표적 보이기를 청하니

예수께서 대답하여 가라사대 너희가 저녁에 하늘이 붉으면 날이 좋겠다 하고

아침에 하늘이 붉고 흐리면 오늘은 날이 궂겠다 하나니 너희가 천기는 분별할줄 알면서 시대의 표적은 분별할 수 없느냐

악하고 음란한 세대가 표적을 구하나 요나의 표적 밖에는 보여줄 표적이 없느니라 하시고 저희를 떠나 가시다

제자들이 건너편으로 갈쌔 떡 가져가기를 잊었더니

예수께서 이르시되 삼가 바리새인과 사두개인들의 누룩을 주의하라 하신대

제자들이 서로 의논하여 가로되 우리가 떡을 가져 오지 아니하였도다 하거늘

예수께서 아시고 가라사대 믿음이 적은 자들아 어찌 떡이 없음으로 서로 의논하느냐

너희가 아직도 깨닫지 못하느냐 떡 다섯 개로 오천 명을 먹이고 주운 것이 몇 바구니며

떡 일곱 개로 사천명을 먹이고 주운 것이 몇 광주리이던 것을 기억지 못하느냐

어찌 내 말한 것이 떡에 관함이 아닌 줄을 깨닫지 못하느냐 오직 바리새인과 사두개인들의 누룩을 주의하라 하시니

그제야 제자들이 떡의 누룩이 아니요 바리새인과 사두개인들의 교훈을 삼가라고 말씀하신 줄을 깨달으니라"(마 16:1-12).

오늘의 본문 말씀은 두 가지 내용을 담고 있습니다. 첫째는 바리새인들과 사두개인들이 와서 **"하늘로서 오는 표적"**을 보이라고 예수님을 시험했을 때에, 예수님께서 그들에게 **"악하고 음란한 세대가 표적을 구하나 요나의 표적밖에는 보여 줄 표적이 없느니라"**라고 말씀하신 부분입니다. 둘째는 예수님께서 그들을 떠나서 제자들에게 따로 **"바리새인과 사두개인들의 교훈을 삼가라"**라고 가르치신 말씀입니다.

시대의 표적인 세례 요한의 등장

예수님 당시의 종교인들은 바리새인과 사두개인으로 대표됩니다. 바리새인들(the Pharisees)은 율법주의자들이며 사두개인들(the Sadducees)은 세속주의자들입니다. 바리새인들은 율법을 문자적으로 지키는 것이 하나님의 뜻이며 자기들이 율법을 잘 지킨다고 자부했습니다. 사두개인들은 부활과 영생을 믿지 않았고 이 땅에서 부유하게 사는 것을 가장 큰 축복으로 여겼습니다. 이들은 오늘날의 기독교 안에 존재하는 기독교인의 두 전형(典型, stereotypes)입니다. 다시 말하자면 오늘날에도 율법을 잘 지켜서 스스로 성화(聖化)를 이룸으로 하나님께 인정을 받으려는 현대판 바리새인들과 기복(祈福) 신앙을 지향하는 현대판 사두개인들이 기독교의 두 주류(主流)를 이루고 있습니다.

예수님 당시의 바리새인들과 사두개인들은 예수님이 하나님의 아들인 것을 믿지 않았습니다. 오늘날의 기독교인들은 예수 그리스도를 믿는다고는 고백하지만 예수님께서 완성해 주신 영원한 속죄의 복음인 진리의 원형복음(原形福音, the Original Gospel)을 믿지 않습니다. 바리새인들과 사두개인들이 예수님께 "당신이 하나님의 아들이라는 표적을 보여 주면 믿겠다"라고 떼를 썼듯이, 오늘날의 기독교인들도 도무지 하나님의 말씀을 믿으려 하지 않고 여전히 이적과 표적을 좇아가고 있습니다. 그래서 이적을 강조하는 오순절 계통의 교회들이 많은 교인들을 끌어모으고 있습니다.

예수님께서는 믿음의 근거로 표적을 구하는 자들에게 **"아침에 하늘이 붉고 흐리면 오늘은 날이 궂겠다 하나니 너희가 천기는 분별할 줄 알면서 시대의 표적은 분별할 수 없느냐 악하고 음란한 세대가 표적을 구하나 요나의 표적밖에는 보여 줄 표적이 없느니라"**(마 16:3-4)고 책망을 하셨습니다. "시대의 표적"이란 구약의 마지막 예언자인 말라기(Malachi) 선지자를 통해서 약속하신 말씀이 성취된 것을 의미합니다. "보라 여호와의 크고 두려운 날이 이르기 전에 내가 선지 엘리야를 너희에게 보내리니 그가 아비의 마음을 자녀에게로 돌이키게 하고 자녀들의 마음을 그들의 아비에게로 돌이키게 하리라 돌이키지 아니하면 두렵건대 내가 와서 저주로 그 땅을 칠까 하노라"(말 4:5-6)고 약속하셨고, 예수님께서도 "모든 선지자와 및 율법의 예언한 것이 요한까지니 만일 너희가 즐겨 받을찐대 오리라 한 엘리야가 곧 이 사람이니라"(마 11:13-14)고 친히 증거하셨습니다.

세례 요한은 형색도 엘리야 선지자처럼(왕하 1:8) 약대 털옷을 입고 허리에는 가죽 띠를 두르고 광야에 거하면서 이스라엘 백성들을 향해서 "회개하라 천국이 가까이 왔다"라고 외쳤습니다. **"만**

군의 여호와가 이르노라 보라 내가 내 사자를 보내리니 그가 내 앞에서 길을 예비할 것이요 또 너희의 구하는바 주가 홀연히 그 전에 임하리니 곧 너희의 사모하는바 언약의 사자가 임할 것이라"(말 3:1)는 말씀대로 세례 요한은 주님보다 먼저 와서 주의 길을 예비하라고 보내심을 받은 하나님의 종이었습니다. 세례 요한이 예언의 말씀대로 등장한 것과 언약의 사자인 예수님께서 이 땅에 오신 것이 바로 **"시대의 표적"**(the signs of the times)입니다.

세례 요한은 백성들의 마음을 돌이키게 해서 예수 그리스도께로 이끌었습니다. "하나님의 아들께서 내 뒤에 오시는데, 나는 그분의 신발끈조차 풀어드릴 자격이 없다. 그분은 이미 너희 가운데 와 계신데 아직은 나도 그분이 누구신지를 모른다. 그런데 나를 보내서 물로 세례를 주라 하신 하나님 아버지께서 만일 내가 누구에게 세례를 줄 때에 그분 위에 성령이 비둘기 모양으로 임하시거든 그분이 바로 메시아인 줄 알라고 하셨다"—그렇게 세례 요한이 외치고 있을 때에, 드디어 예수님께서 요단강에서 백성들에게 물로 세례를 베풀던 세례 요한에게로 오셨습니다.

세례 요한은 자기 앞에 오시는 분이 육신을 입고 오신 하나님의 아들임을 직감하고 **"내가 당신에게 세례를 받아야 할 터인데 당신이 내게로 오시나이까"** 하고 예수님께 머리를 조아렸습니다. 예수님은 머뭇거리던 요한에게 **"이제 허락하라 우리가 이와 같이 하여 모든 의를 이루는 것이 합당하니라"**(마 3:15) 하시고 단호하게 명령하셨습니다. 예수님께서 요한에게 **"이와 같이 하여"** 즉 안수의 형식으로 세례를 베풀라고 명령하셨는데, 안수(按手)는 죄를 속죄제물에게 넘기는 하나님의 법입니다. 여자의 몸에서 난 자 중에 가장 큰 자, 즉 인류의 대표자인 세례 요한이 인류의 모든 죄를 대속하러 오신 하나님의 어린양에게 안수의 형식으로 세례를 베풀었습니다. **"그 세례"**(행 10:37)로 세상의 모든 죄가 예수님께로 넘어갔기에 이 세상에는 **"모든 의"**가 이루어졌습니다. 예수님께서 세례를 받으시고 물에서 올라오실 때에 하나님의 성령이 비둘기 형상으로 예수님 위에 임하셨습니다. 그리고 예수님께 세례를 베푼 다음날, 요한은 자기 앞을 지나시는 예수님을 보고, **"보라 세상 죄를 지고 가는 하나님의 어린양이로다"**(요 1:29)라고 증거했습니다. 세례 요한과 예수님의 등장, 그리고 예수님께서 받으신 세례에서 시작된 구원의 사역이 **"시대의 표적"**입니다. **"물과 피로 임"**(요일 5:6)하셔서 우리를 모든 죄에서 구원하신 예수님의 복음보다 더 큰 **"시대의 표적"**은 없습니다.

가장 큰 표적: 요나의 표적

그런데도 바리새인과 사두개인들은 세례 요한의 증거나 예수님께서 반포하신 진리의 말씀을 믿지 않고 더 큰 표적을 요구했습니다. 그래서 예수님께서는 저들을 책망하시고 "이제 내가 너희들에게 보여 줄 표적은 요나의 표적밖에 없다"라고 말씀하셨습니다. **"요나의 표적"**은 **"예수님의 부활"**을 계시합니다. 요나는 큰 물고기에게 먹혀서 물고기의 뱃속에 들어갔다가 삼 일 만에 바닷가에 토해졌습니다. 그 사건은 예수님의 부활의 예표(豫標)였습니다. 예수님께서 세례로 우리의 죄를 담당하시고 십자가에서 돌아가셨다가 사흘 만에 부활하신 것은 우리 인류의 모든 죄가 완벽하게 사해졌다는 최후 확증입니다. 다시 말하자면, 예수님의 부활은 복음을 믿는 우리가 새 생명으로 거듭났다는 증거입니다. 그래서 사도들은 복음을 전할 때마다 예수 그리스도께서 부활하셨고 자기들은 주님의 부활의 목격자라고 증거했습니다.

종교인들의 누룩을 주의하라

바리새인들과 사두개인들의 도전을 물리치신 예수님께서는 제자들과 함께 건너편 마을로 향하셨습니다. "**제자들이 건너편으로 갈째 떡 가져가기를 잊었더니**"—제자들이 음식을 준비하지 못한 상황에서 예수님께서는 "**바리새인의 누룩과 사두개인의 누룩을 주의하라**"라고 말씀하셨습니다. 그러자 제자들은 떡을 준비하지 않은 것으로 인해 다툼이 일어났습니다. 서로에게 책임을 돌리기도 하고 나름 해결책을 제시하기도 했겠지요. 사람은 다 자기의 이익을 중심으로 생각을 합니다. 저도 나라에서 어떤 정책을 발표하면 "그 정책이 나에게 무슨 유익이 있나?"를 먼저 생각합니다. 예를 들면, 얼마 전에 서귀포의 성산읍 부근에 제2 제주공항이 건설된다는 뉴스가 있었습니다. 그 지역 사람들이나 그 인근에 땅을 가지고 있는 이들에게는 그 뉴스가 큰 관심거리였습니다만, 그렇지 않은 이들에게는 그 뉴스가 별로 관심이 없었습니다.

당시의 제자들에게는 음식이 큰 관심이었습니다. 그러니 예수님께서 "누룩"을 언급하시자 곧바로 자기들이 떡을 준비하지 않은 것이 큰 문제가 되었습니다. 육신적인 사람에게는 영적인 말씀도 다 육신적인 차원으로 들립니다. 그러나 "**삼가 바리새인과 사두개인들의 누룩을 주의하라**"라는 주님의 말씀은 바리새인의 교훈과 사두개인의 교훈을 주의하라는 뜻입니다. 바리새인의 누룩은 율법주의(律法主義)입니다. 바리새인들은 율법을 잘 지켜서 쌓은 인간의 의로 하나님께 인정을 받고자 했습니다. 그래서 그들은 할례나 안식일 규례 등을 철저하게 지키려고 애를 썼고 자신들은 율법을 잘 지키는 자들이라고 자부했습니다. 그들은 성경 구절을 적은 종이를 넣은 작은 가죽 주머니를 이마나 팔뚝에 묶고 다니다가 수시로 그 종이를 꺼내서 암송하며 하나님께 예배를 드렸습니다. 그들은 마음속이 악독과 방탕으로 가득하면서도 외모로는 굉장히 경건한 척을 잘했습니다. 한마디로 말해서 그들은 외식(外飾)하는 자들이었습니다. 그런데 사람은 외모를 중시하지만 하나님께서는 마음 중심을 살피십니다.

사두개인들은 세속주의자(世俗主義者)들입니다. 그들은 내세(來世)와 부활을 믿지 않았습니다. 그들에게는 눈에 보이는 세계가 전부였습니다. 바리새인의 누룩과 사두개인의 누룩, 즉 율법주의와 세속주의가 오늘날의 기독교 안에도 확 퍼져 있습니다. 주님께서 그토록 경계를 시키셨건만, 오늘날의 기독교는 율법주의와 세속주의를 지향(指向)하고 있습니다. 오늘날의 기독교가 믿지 않는 이들에게 "개독교"라고 비난을 받는 이유는 이 두 가지 누룩을 주의하지 않았기 때문입니다. 그들의 외식은 역겹고, 그들의 타락은 이 세상의 속물들보다 더합니다.

한국의 대형교회들을 보십시오. 어떤 대형교회는 예배당 로비에 현금자동지급기를 여러 대 설치해서 돈을 인출하게 하고서 교인들이 순번을 받고 안내 방송에 따라 십일조를 바친답니다. 번호표를 뽑아 들고 기다리다가 교회 직원들이 번호를 부르면 은행에 예금하듯이 자기의 구역과 이름을 대고 십일조를 접수한답니다. 담임목사는 "십일조를 충성스럽게 드리면 하나님이 하늘의 창을 열고 열 배, 백 배로 갚아 주신다"라고 설교합니다. 그렇게 긁어모은 돈으로 사업도 하고 거대한 예배당을 지어서 자기 아들 목사에게 세습을 시킵니다. 이런 작태는 돈이라면 무슨 짓이든지 하는 세상 사람들보다 더 추악한 모습입니다. 교인들도 돈과 출세가 자기들의 우상입니다. 그래서 수능시험 때가 되면 기독교 교회들은 "수능시험을 위한 백일기도"라는 플래카드를 걸어놓고 새벽 기도회를 갖습니다. 목회자와 교인들의 욕망이 끓어넘치는 곳이 세속주의로 물든 오늘날의 기독교입니다.

"**삼가 바리새인과 사두개인들의 누룩을 주의하라**"라는 주님의 말씀 앞에 우리는 두렵고 떨리는 마음으로 서야 됩니다. 율법주위와 세속주의의 누룩을 경계하지 않으면 우리도 얼마든지 사단 마귀의 계략에 걸려들 수 있습니다. 하나님의 교회는 오직 진리의 복음을 전파하는 일에 집중해야 합니다. 그렇지 않으면 재물의 노예가 되기 쉽습니다. 초대교회의 진리와 생명력이 어떻게 사라졌습니까? 종교지도자들이 로마황제와 손을 잡고 황제가 보장해 주는 권세와 영화에 중독되어 거대한 교권제도(hierarchy)와 화려한 제복으로 세속적인 제도화(制度化)의 늪에 빠졌기 때문입니다. 그래서 성직자들은 거대한 교권제도에 안주하면서 "가장 거룩한 척"을 잘하는 무리가 되었습니다. 마음에는 죄가 가득하면서 그 모든 죄를 없애 주신 진리의 원형복음(原形福音)은 잃어버렸습니다. 그들은 "고해성사" 제도를 만들어서 복음을 대치했고, 종교개혁자들은 "회개 기도"로 죄 사함을 받는다고 주장하며 진리의 복음을 외면했습니다.

바리새인의 교훈이나 사두개인의 교훈을 조금이라도 허락하면 그것은 누룩처럼 모든 것을 부풀어 오르게 해서 생명의 근원인 진리의 복음을 변질시킵니다. 그들의 거짓 교훈은 하나님의 뜻을 빙자하지만, 사실은 모두 마귀로부터 온 것입니다. 그러나 우리는 **"물과 피의 복음"**을 절대로 변질시키거나 잃어버릴 수 없습니다. 하나님께서는 **"네 선조의 세운 옛 지계석을 옮기지 말찌니라"**(잠 22:28)고 말씀하셨습니다. 우리는 구원의 지계석(地界石)을 절대로 옮길 수 없습니다. 그것이 하나님의 교회의 분명한 신앙노선입니다. 우리 교회는 돈이나 지위가 높은 사람이 들어왔다고 해도 특별대우를 하지 않습니다. 하나님 교회에서는 모든 영혼이 다 똑같이 존귀합니다. 아무리 부족한 자라도 그 영혼은 천하보다 귀한 존재입니다.

어떤 교회가 진리의 복음을 믿고 전했어도 교회의 재산이 많아지면서 그 돈으로 땅을 사고 자기들의 노후의 안녕이나 대비하게 되면 그들은 타락하게 되어 있습니다. 그런 교회에는 사두개인의 누룩이 들어가서 부패합니다. 우리는 절대로 그럴 수 없습니다. 혹시나 내가 그런 조짐을 보이거든 "당신이 사두개인의 누룩을 조심하라고 설교하면서 그딴 짓을 하냐"라고 저를 책망하십시오. 그래야 제가 정신을 차리고 돌이킬 것입니다. 하나님 교회에서는 모든 영혼이 다 존귀합니다. **"땅에 있는 성도는 존귀한 자니 나의 모든 즐거움이 저희에게 있도다"**(시 16:3)라고 말씀하셨습니다. 우리 교회에서는 누가 헌금을 많이 했으니까 귀하게 여기고 누구는 헌금을 별로 안 하니 무시하는 일은 절대로 있을 수 없습니다.

하나님의 교회는 하나님의 뜻만을 좇습니다. 진리의 복음을 생명처럼 믿고 지키는 성도(聖徒)들이 모인 곳이 하나님의 교회이며, 그들은 하늘의 별과 같이 빛날 것입니다.

말씀을 마쳤습니다.

예수님은 그리스도시요 하나님의 아들입니다

"예수께서 가이사랴 빌립보 지방에 이르러 제자들에게 물어 가라사대 사람들이 인자를 누구라 하느냐

가로되 더러는 세례 요한, 더러는 엘리야, 어떤 이는 예레미야나 선지자 중의 하나라 하나이다

가라사대 너희는 나를 누구라 하느냐

시몬 베드로가 대답하여 가로되 주는 그리스도시요 살아계신 하나님의 아들이시니이다

예수께서 대답하여 가라사대 바요나 시몬아 네가 복이 있도다 이를 네게 알게 한 이는 혈육이 아니요 하늘에 계신 내 아버지시니라

또 내가 네게 이르노니 너는 베드로라 내가 이 반석 위에 내 교회를 세우리니 음부의 권세가 이기지 못하리라

내가 천국 열쇠를 네게 주리니 네가 땅에서 무엇이든지 매면 하늘에서도 매일 것이요 네가 땅에서 무엇이든지 풀면 하늘에서도 풀리리라 하시고

이에 제자들을 경계하사 자기가 그리스도인 것을 아무에게도 이르지 말라 하시니라

이때로부터 예수 그리스도께서 자기가 예루살렘에 올라가 장로들과 대제사장들과 서기관들에게 많은 고난을 받고 죽임을 당하고 제 삼일에 살아나야 할 것을 제자들에게 비로소 가르치시니

베드로가 예수를 붙들고 간하여 가로되 주여 그리 마옵소서 이

일이 결코 주에게 미치지 아니하리이다

예수께서 돌이키시며 베드로에게 이르시되 사단아 내 뒤로 물러 가라 너는 나를 넘어지게 하는 자로다 네가 하나님의 일을 생각지 아니하고 도리어 사람의 일을 생각하는도다 하시고

이에 예수께서 제자들에게 이르시되 아무든지 나를 따라 오려거든 자기를 부인하고 자기 십자가를 지고 나를 좇을 것이니라

누구든지 제 목숨을 구원코자 하면 잃을 것이요 누구든지 나를 위하여 제 목숨을 잃으면 찾으리라

사람이 만일 온 천하를 얻고도 제 목숨을 잃으면 무엇이 유익하리요 사람이 무엇을 주고 제 목숨을 바꾸겠느냐

인자가 아버지의 영광으로 그 천사들과 함께 오리니 그 때에 각 사람의 행한 대로 갚으리라

진실로 너희에게 이르노니 여기 섰는 사람 중에 죽기 전에 인자가 그 왕권을 가지고 오는 것을 볼 자들도 있느니라"(마 16:13-28).

가이사리아 빌립보는 헤르몬 산에서 발원한 맑은 물이 갈릴리 호수로 흘러들어 가는 강가에 위치한 도시입니다. 헤롯 대왕이 아우구스도 황제에게서 이 도시를 선물로 받았는데, 후에 헤롯 대왕의 아들인 갈릴리 분봉왕 헤롯 빌립(눅 3:1)이 이 도시를 화려하게 확장하고 수도(首都)로 정했습니다. 헤롯 빌립은 당시의 로마 황제(가이사)인 디베료(Tiberius Caesar)를 기념하는 의미에서 황제를 뜻하는 "가이사"에 자기의 이름을 붙여서 "가이사리아 빌립보"(Caesarea Philippi)라고 이 도시의 이름을 정했습니다.

예수님께서 복음을 전파하시며 가이사리아 빌립보 지방에 이르

셨을 때에, 예수님께서는 제자들에게 "사람들이 인자를 누구라 하느냐"라고 물으셨습니다. 제자들은 **"세례 요한, 더러는 엘리야, 어떤 이는 예레미야나 선지자 중의 하나라 하나이다"**라고 대답했습니다. 당시의 백성들은 예수님의 말씀과 이적들에 놀라며, 예수님을 가리켜 "목이 베인 세례 요한이 부활했다"라거나 "다시 오리라고 예언되었던 엘리야(말 4:5)"라는 소문을 퍼뜨렸습니다. 또 어떤 이는 **"예레미야나 선지자 중의 하나"**라고도 주장했습니다. 이렇게 백성들 가운데는 예수님이 누구인지에 대해서 의견이 분분했습니다. 제자인 우리들은 과연 예수님을 누구라고 믿습니까? 다른 이들의 의견은 중요하지 않습니다. 예수 그리스도는 과연 누구십니까? 제자들 중에서 베드로가 용감하게 **"주는 그리스도시요 살아 계신 하나님의 아들이시니이다"** 하고 제일 먼저 대답했습니다. 정답입니다.

예수님은 그리스도입니다

예수님은 그리스도(the Christ)입니다. "그리스도"란 말의 어원은 "기름부음을 받은 자"(the anointed One)라는 뜻의 그리스어(語)의 "크리스토스"(Χριστος, Christos)입니다. 히브리어로는 이 단어가 "마시아"(Mashiah)인데, 영어성경에는 "메시아"(Meshiah the Prince, 단 9:25)라고 번역되어 있습니다. 따라서 예수님의 호칭으로 쓰인 "그리스도"라는 말은 예수님이 **"하나님께로부터 기름부음을 받고 우리의 구원자와 왕으로 보내심을 받은 분"**이라는 뜻입니다.

구약성경에서는 세 직분의 사람들 즉 왕, 선지자, 제사장이 기름부음을 받았습니다. 기름은 성령을 계시하는데, 이 세 직분의 사람들은 성령의 충만함을 입어서 하나님의 뜻을 준행했습니다. 그런데 예수님은 왕, 선지자, 제사장의 세 가지 직분을 다 겸한 분입니다.

첫째, 예수님은 **만왕(萬王)의 왕**, 즉 모든 왕들의 왕(the King of kings)입니다. 예수님은 이 땅의 모든 왕들뿐 아니라 우주 전체를 만드시고 주관하시는 분입니다. 둘째로 예수님은 **참 선지자**입니다. 선지자는 진리를 대언(代言)하는 하나님의 종입니다. 하나님께서는 모세에게 **"내가 그들의 형제 중에 너와 같은 선지자 하나를 그들을 위하여 일으키고 내 말을 그 입에 두리니 내가 그에게 명하는 것을 그가 무리에게 다 고하리라**(신 18:18)고 예언하셨습니다. 그리고 이스라엘 백성들은 **"그 선지자"**(요 1:21)를 기다렸는데 예수님은 바로 **"그 선지자"**입니다. 셋째로 예수님은 **하늘의 대제사장**(히 8:1)입니다. 구약의 대제사장은 이스라엘 백성의 1년 치 죄가 단번에 사함 받는 대속죄일(大贖罪日)의 제사를 드렸습니다. 땅의 대제사장은 이스라엘 백성들만을 위해서 일을 했지만 하늘의 대제사장이신 예수님은 육신을 입고 이 땅에 오셔서 당신의 몸을 제물로 삼아서 **"한 영원한 제사"**(히 10:12)를 드려 주셨습니다. 예수님께서 드리신 제사로 전 인류의 죄가 단번에 없어졌습니다. 이와 같이 왕, 선지자, 제사장의 세 직분으로 이 땅에 오셔서 하나님 아버지의 뜻을 모두 성취하신 분이 예수님입니다.

믿음의 고백 위에 세워진 교회

"주는 그리스도시요 살아 계신 하나님의 아들이시니이다"라고 고백한 베드로의 고백은 올바른 신앙고백입니다. 베드로는 "당신은 성자(聖子) 하나님인데, 육신을 입고 이 땅에 오셔서 하나님의 진리의 말씀을 전해 주시고 우리의 모든 죄를 사해 주셨습니다"라고 예수님께 고백한 것입니다. 우리도 베드로와 같은 믿음으로 **"주는 그리스도시요 살아 계신 하나님의 아들이시니이다"**라고 고백합니다. 누구든지 예수님이 누구신지 또 예수님께서 이 땅에 오신 목적이 무엇인지를 알아야만 이러한 신앙고백을 할 수 있습니다. 예수님은 베드로의 믿음의 고백을 들으시고 **"바요나 시몬아 네가 복이 있도다 이를 네게 알게 한 이는 혈육이 아니요 하늘에 계신 내 아버지시니라"**라고 그를 칭찬하셨습니다. 그리고 주님은 **"또 내가 네게 이르노니 너는 베드로라 내가 이 반석 위에 내 교회를 세우리니 음부의 권세가 이기지 못하리라 내가 천국 열쇠를 네게 주리니 네가 땅에서 무엇이든지 매면 하늘에서도 매일 것이요 네가 땅에서 무엇이든지 풀면 하늘에서도 풀리리라"**라고 약속하셨습니다.

이때에 예수님은 요나의 아들인 시몬에게 "베드로"라는 별명을 주셨는데, "베드로"는 그리스어의 "돌 또는 바위"를 의미하는 "페트로스"(πέτρος, petros)에서 유래된 말입니다. 따라서 "베드로"라는 이름은 굳건한 믿음을 상징하는데, 주님께서는 그런 굳건한 믿음의 고백 위에 하나님의 교회를 세우실 것과 하나님의 교회 위에 절대로 사단 마귀가 무너뜨릴 수 없는 권세를 주실 것을 선포하셨습니다. 또 주님께서는 베드로와 같이 올바른 믿음을 가진 자들에게 진리의 복음을 맡겨서 그들에게 죄를 사하는 권세를 주시겠다고 약속하셨습니다.

그런데 가톨릭교회는 이 부분의 말씀을 아전인수(我田引水) 식으로 해석합니다. 가톨릭교회는 초대 교황인 베드로 위에 가톨릭교회가 세워졌다고 주장합니다. 또 주님께서 베드로에게 천국의 문을 여는 열쇠를 맡기셨기에 가톨릭만이 유일한 정통의 교회라고 주장합니다. 그들은 입만 열면 거짓말을 합니다. 교황 제도는 밀라노 칙령이 발표된 A.D313년 이후에, 즉 4세기 말에나 시작되었습니다. 밀라노 칙령으로 기독교가 로마에서 공인되면서 교회는 정치권력과 손을 잡고 세속화와 제도화의 길에 들어서게 되었습니다. 그래서 로마의 정치제도와 똑같은 계급 체계(hierarchy)가 교회에 자리 잡고 교황-추기경-주교-사제-부사제 등의 위계질서가 생겨났으며, 행정구역과 같은 교구(敎區, diocese)가 정해져서 성직자들은 절대적이고 배타적인 교권(敎權)을 행사하게 되었습니다.

베드로는 초대교회의 수장(首長)이었습니다. 그는 가롯 유다를 대신할 사도로 맛디아를 제비 뽑을 때나 성령강림의 역사가 일어났던 오순절에도 사도들을 대표해서 복음을 증거했습니다. 그런데 세월이 조금 지나서는 예수님의 형제 야고보가 베드로보다 앞선 자로 언급되는 부분이 사도행전에 기록되어 있습니다. 이방인들에게 복음이 전파되면서, "진리의 복음을 믿어서 거듭난 이방인들도 할례를 받아야 한다"라는 주장이 할례주의자들에게서 일어났을 때에, 사도 바울은 교회 안의 할례주의자들이나 유대인들이 문제 삼을 것을 예상하고 야고보와 게바(베드로)를 사사로이(privately) 방문해서 자기의 견해를 피력하며 숙의하였습니다. 그 결과 당시 교회의 수장이었던 사도들은 이방인 중에서 거듭난 의인들은 할례를 받을 필요가 없다는 결론을 맺었습니다.

이때에 사도 바울은 **"또 내게 주신 은혜를 알므로 기둥 같이 여기는 야고보와 게바와 요한도 나와 바나바에게 교제의 악수를 하였으니 이는 우리는 이방인에게로, 저희는 할례자에게로 가게 하**

려 함이라"(갈 2:9)고 기록하고 있는데, 이 말씀에 보면 야고보가 게바(베드로)보다 먼저 언급된 것을 볼 수 있습니다. 예루살렘 교회의 사도들과 장로들이 모여서 이 문제를 논의하고 결론을 내릴 때에도 베드로가 먼저 의견을 말하고, 그 후에 야고보가 논의된 내용을 편지로 써서 이방 교회에 보내기로 최종적으로 결정합니다(행 15:1-21). 여기에 등장하는 야고보는 사도 요한의 형인 야고보가 아니라 예수님의 육신의 동생인 야고보입니다. 요한의 형 야고보는 사도들 중에서 제일 먼저 순교를 당했습니다(행 12:2). 따라서 엄밀히 말하자면, 예루살렘 교회가 시작된 후에 어느 정도 시간이 흘러서는 예수님의 육신의 동생인 야고보가 초대교회의 수장(首長) 자리에 있었다고 볼 수 있습니다.

사죄권(赦罪權)으로 둔갑한 "천국의 열쇠"

"내가 천국 열쇠를 네게 주리니 네가 땅에서 무엇이든지 매면 하늘에서도 매일 것이요 네가 땅에서 무엇이든지 풀면 하늘에서도 풀리리라"(마 16:19).

가톨릭교회는 이 말씀을 근거로 "예수님께서 사제들에게 **사죄권(赦罪權)을 주셨다**"라고 주장합니다. 예수님께서 초대 교황 베드로에게 죄를 사하는 권세를 주셨고 그 권세가 세습되고 위임되었다는 말입니다. 그래서 가톨릭 교인들이 고해성사를 할 때에 교인들이 고해소에 들어가서 죄를 고백하고 용서를 청하면 가톨릭 신부(神父)들은 "나는 성부와 성자와 성령의 이름으로 ○○○의 죄를 사하노라" 하며 사죄(赦罪)를 선포합니다.

그러나 하나님의 교회는 시몬 베드로라는 특정인(特定人) 위에만 세워지는 것이 결코 아닙니다. "하나님의 교회는 진리의 복음을 믿어서 죄 사함을 받은 의인들, 즉 **"그리스도 예수 안에서 거룩하여지고 성도라 부르심을 입은 자들"**(고전 1:2)의 모임입니다. **"천국 열쇠"**는 진리의 복음을 의미합니다. 사람은 다 부족하고 연약합니다. 주님께서 어떤 특정인에게만 진리의 복음을 맡기신 것도 아니고, 어떤 베드로라는 특정인 위에만 하나님의 교회를 세우실 리가 없습니다. 주님께서는 진리의 복음을 당신의 교회에 맡기셔서, 하나님의 교회가 그 복음을 전해 주면 믿는 자는 누구든지 죄 사함을 받고 영생의 천국에 들어가게 하셨습니다.

우리의 모든 죄는 주님께서 이미 다 없애 놓으셨습니다. 주님이 인류의 대표자인 세례 요한에게 안수(按手)의 형식으로 세례를 받으실 때에 우리의 모든 죄와 허물은 예수님의 육체로 다 넘어갔습니다. **"이와 같이 하여,"** 즉 안수의 방식으로 세례를 받으셔서 **"모든 의를 이루"**(마 3:15)신 주님께서는 **"세상 죄를 지고 가는 하나님의 어린양"**(요 1:29)이 되셨습니다. 주님은 십자가에 못 박혀서 **"다 이루었다"**(요 19:30)라고 크게 외치시기까지 흘리신 당신의 피로써 우리의 모든 죗값을 대신 갚아 주시고 돌아가셨습니다. 그때에 이스라엘 성전의 지성소(至聖所) 앞에 드리워졌던 휘장이 위에서 아래까지 큰 폭으로 찢어져서 하나님의 보좌로 들어가는 길이 활짝 열렸습니다. 예수님께서 **"물과 피로 임"**(요일 5:6)하셔서 이루신 구원의 사역을 믿는 자는 누구든지 모든 죄를 사함 받고 하나님의 보좌 앞에 담대히 나아갈 수 있게 되었습니다. 하나님의 교회에 맡기신 **"물과 피의 복음"**이 천국의 열쇠입니다. 이 진리의 복음을 믿는 자는 믿음으로 말미암아 이미 모든 죄의 사함을 받게 됩니다.

하나님의 일을 대적하는 사람의 일

"이때로부터 예수 그리스도께서 자기가 예루살렘에 올라가 장로들과 대제사장들과 서기관들에게 많은 고난을 받고 죽임을 당하고 제 삼 일에 살아나야 할 것을 제자들에게 비로소 가르치시니"(마 16:21).

예수님은 베드로의 신앙고백을 들으시고, "나는 이제 예루살렘에 올라가서 장로들과 대제사장들에게 핍박을 받고 붙잡혀서 죽을 것이다. 그러나 나는 사흘 만에 부활한다"라고 머지않아 당신께서 받으실 고난에 대해서 말씀하셨습니다. 21절의 제일 끝에 **"비로소 가르치시니"** 라는 말씀은, 이때까지는 당신의 고난에 대하여 가르치지 않으셨다는 말씀입니다. 주님께서 왜 제자들에게 이 부문을 가르치지 않으셨을까요? 그것은 그들의 믿음이 아직 준비되지 않았기 때문입니다. 제자들은 예수님을 따라다니면서 영광을 받고자 하는 마음뿐이었습니다. 대체로 그들은 갈릴리 출신의 어부들이거나 배움도 별로 없는 자들이었습니다. 그들은 누가 알아주지도 않고 천대받던 하층민들이었는데, 예수님의 제자가 된 후에 많은 사람들이 자기들을 존경하고 부러워하는 것을 경험했습니다. 그래서 제자들은 틈만 나면 "누가 높으냐?"라는 문제로 다퉜습니다. 심지어 그런 자리 싸움에 자기들의 어머니까지 동원한 기록(마 20:20-23)도 있습니다.

"베드로가 예수를 붙들고 간하여 가로되 주여 그리 마옵소서 이 일이 결코 주에게 미치지 아니하리이다"(마 16:22). 방금 전에는 베드로가 신앙고백을 잘해서 예수님께로부터 큰 칭찬을 받았습니다. 그의 마음이 으쓱했을 것입니다. 그런데 예수님께서는 당신이 앞으로 대제사장들과 장로들에게 붙잡혀서 많은 고난을 당하고 돌아가실 것이라고 말씀하셨습니다. 그런 말씀을 듣자마자 베드로가 톡 튀어나와서, "안됩니다, 주님! 무슨 그런 서운한 말씀을 하십니까? 이번에 우리가 예루살렘에 올라가면 주님께서는 다윗의 왕위를 이어받아서 이스라엘 나라의 왕이 되셔야 합니다. 당신께서 왕이 되시면 우리가 비서실장, 국무총리, 각 부처 장관의 자리를 맡아야 할 것이 아닙니까?" 하고 주님의 말씀을 극렬하게 거부한 것입니다.

예수님께서는 **"사단아 내 뒤로 물러가라 너는 나를 넘어지게 하는 자로다 네가 하나님의 일을 생각지 아니하고 도리어 사람의 일을 생각하는도다"**(마 16:23) 하시며 베드로를 책망하셨습니다. 베드로의 마음은 롤러코스터를 탄 것과 같았을 것입니다. 방금 전에는 한껏 칭찬을 받아서 하늘 꼭대기까지 올라갔었는데, 곧바로 곤두박질쳐서 맨 밑바닥에 내동댕이쳐진 셈이었습니다. 왜 그렇게 되었습니까? 베드로는 하나님의 뜻이 이루어지는 것에는 관심이 없고 자기가 받을 영광에만 관심을 가졌기 때문입니다. 베드로는 자기가 어떻게 하든지 예수님을 헌신적으로 잘 보필해서 유대인의 왕으로 세워 드려야겠다고 각오를 한 자였습니다. 그는 그러한 자기의 생각이 옳고도 충성스러운 생각이라고 확신했습니다. 그러나 사실 그의 속셈은 그렇게 되면 자기도 높은 지위를 차지하겠다는 계산이었습니다.

그것은 육신의 욕망입니다. 우리에게도 육신의 생각이 참으로 많습니다. 기독교인들이 표면적으로는 하나님의 뜻을 좇는 것 같지만, 그들은 사실 자기의 욕망을 이루기 위해서 주님의 이름을 빙자하는 경우가 많습니다. 요즈음 사회적으로 지탄이 되고 있는 **교회**

세습의 문제를 보십시오. 어떤 유명한 대형교회에서 은퇴를 앞둔 원로목사가 자기의 아들을 담임목사로 세웠습니다. 그런 과정에서 많은 편법과 불법이 자행되었습니다. 그것이 사회적으로 문제가 되자 미봉책으로 그 일을 주도한 어떤 장로에게 모든 책임을 덮어씌워서 그를 사퇴시키고는 결국 지금까지 교회 세습을 밀어붙이고 있습니다. 그런 목사나 장로들에게는 하나님의 일은 안중에도 없습니다. 그저 자기들의 욕망을 채우기 위해서 말로만 예수님의 이름을 빙자할 뿐입니다. 그런 자들 때문에 기독교가 이 세상 사람들에게 "개독교"라는 욕을 먹고 있습니다. 소경이 소경을 인도하면 둘 다 구렁에 빠져 멸망하듯이, 거듭나지 못한 작자들이 목사가 되고 장로로 세워졌기 때문에 초래된 당연한 결과입니다.

표면적으로만 보면 베드로는 "제가 목숨을 잃어버릴지언정 저는 주님을 지키겠습니다"라고 굉장히 충성스러운 말을 한 셈입니다. 방금 전에 **"주는 그리스도시요 살아 계신 하나님의 아들이시니이다"** 하고 고백해서 주님께로부터 큰 칭찬을 듣고 마음이 한껏 부풀어 오른 베드로는 연이어 주님의 칭찬을 들을 줄 알았는데, 예상 밖의 철퇴를 맞았습니다. **"사단아 내 뒤로 물러 가라 너는 나를 넘어지게 하는 자로다 네가 하나님의 일을 생각지 아니하고 도리어 사람의 일을 생각하는도다"**(마 16:23)—예수님께서 십자가의 고난을 받지 않으시면 주님의 구원 사역은 실패로 끝납니다. 예수님은 당신을 인류의 죄 사함을 위한 희생의 제물로 드리기 위해 반드시 고난을 받으시고 돌아가셔야만 했습니다.

베드로는 하나님의 일을 생각지 않고 사람의 일을 생각했습니다. "사람의 일이 중합니까, 하나님의 일이 중합니까?" 하고 여러분에게 물으면, 여러분은 모두 "하나님의 일이 중하다"라고 정답을 말할 것입니다. 그런데 실제로는 우리가 하나님의 일은 뒷전으로 여기고 우리 자신의 일들을 훨씬 더 중하게 여기며 살 때가 많습니다. 그러나 믿음의 사람들은 자기의 일은 뒤로 미룰지언정 하나님의 일을 더 중히 여기고 먼저 준행합니다. 그런 이들이 그리스도의 군사입니다. "군사로 다니는 자는 자기 생활에 얽매이는 자가 하나도 없나니 이는 군사로 모집한 자를 기쁘게 하려 함이라"(딤후 2:4)고 말씀하십니다. 우리가 "물과 피의 복음"으로 거듭나서 하나님의 군사가 되었다면, 우리는 범사에 하나님께서 기뻐하시는 뜻을 먼저 좇아야 합니다. 이것이 베드로를 책망하신 오늘의 말씀이 주는 교훈입니다.

자기를 부인해야 갈 수 있는 제자의 길

"이에 예수께서 제자들에게 이르시되 아무든지 나를 따라 오려거든 자기를 부인하고 자기 십자가를 지고 나를 좇을 것이니라"(마 16:24).

베드로는 자기를 부인하지 않았다가 주님의 책망을 들었습니다. 자기의 옳음과 자기의 생각과 자기의 욕망을 부인하지 않았기 때문에 베드로는 주님의 뜻과는 상반되는 자기의 생각을 주장하게 되었습니다. 주님의 제자가 되는 길이 우리 모두에게 가장 복되고 성공적인 삶입니다. 주님의 제자는 하나님의 일을 하는 주님의 군사입니다. 주님의 군사는 자기의 일에 얽매이지 않고 하나님께서 기뻐하시는 일을 먼저 하는 자입니다. 그러기 위해서 제자는 항상 자기를 부인해야 합니다. 자기의 옳음, 자기의 욕망, 자기의 생각— 이 세 가지를 주님의 제자는 늘 부인해야 합니다. "자기"라는 수식어가 붙으면 다 악한 것입니다. 우리가 육신에 있을 때에는 생각하는 것이나 계획하는 것이 항상 악합니다(창 6:5). 그런데 하나님의 뜻, 하나님의 의(義), 하나님의 말씀, 하나님(성령)의 소욕은 항상 선하고 의롭습니다. 자기 **"육체의 소욕은 성령을 거스리고 성령의 소욕은 육체를 거스"**(갈 5:17)립니다. 따라서 성령의 소욕을 좇으려면 자기의 육신의 소욕을 부인해야만 합니다.

만일 어떤 사람이 "에이, 나는 그렇게 하나님만을 위해서 살기 싫어! 나는 내 뜻대로 자유롭게 살 거야. 나는 복음만은 확실히 믿고 나머지는 내 좋은 대로 살 거야!"라고 작정하고 하나님의 일에는 무관심하다면, 그 사람이 영생의 천국에 들어갈 것 같습니까? 그런 사람은 절대로 천국에 못 들어갑니다. 하나님께서는 우리의 머리카락까지 다 세신 바 되시고 우리의 마음속을 훤히 꿰뚫어 보십니다. 복음을 믿는다고 고백하면서 자기의 유익만 좇는 자를 성경은 "악인(惡人)"이라고 지칭하며, **"세상 끝에도 이러하리라 천사들이 와서 의인 중에서 악인을 갈라 내어 풀무 불에 던져 넣으리니 거기서 울며 이를 갊이 있으리라"**(마 13:49-50)고 경고하셨습니다. 자기 스스로는 죄 사함을 받은 의인이라고 확신해도 주님은 반드시 **"의인 중에서 악인을 갈라 내어 풀무 불에 던져"** 넣으실 것입니다.

"누구든지 제 목숨을 구원코자 하면 잃을 것이요 누구든지 나를 위하여 제 목숨을 잃으면 찾으리라 사람이 만일 온 천하를 얻고도 제 목숨을 잃으면 무엇이 유익하리요 사람이 무엇을 주고 제 목숨을 바꾸겠느냐 인자가 아버지의 영광으로 그 천사들과 함께 오리니 그 때에 각 사람의 행한 대로 갚으리라"(마 16:25-27).

자기의 욕망을 좇는 자는 천국의 영생을 얻지 못합니다. 여러분은 영생을 잃어버릴지라도 자기의 욕망을 좇아가서 온 천하를 다 얻고 싶습니까? 무엇이 더 중합니까? 여러분은 잠시 누리다가 사라지는 부(富)와 명예와 권력과 쾌락을 더 중하게 여깁니까? 아니면 천국 낙원에서의 누릴 영원한 복락을 더 소중하게 여깁니까? 지혜로운 자들은 주님의 제자가 되어서 자기 육신의 욕망을 부인하면서 먼저 하나님의 나라와 그의 의를 좇습니다. 그리고 그것만이 참으로 하늘의 축복과 땅의 기름짐의 은총을 풍성하게 받는 길입니다.

말씀을 마쳤습니다.

우리의 벗이 되어 주신 하나님의 아들

"엿새 후에 예수께서 베드로와 야고보와 그 형제 요한을 데리시고 따로 높은 산에 올라가셨더니

저희 앞에서 변형되사 그 얼굴이 해 같이 빛나며 옷이 빛과 같이 희어졌더라

때에 모세와 엘리야가 예수로 더불어 말씀하는 것이 저희에게 보이거늘

베드로가 예수께 여짜와 가로되 주여 우리가 여기 있는 것이 좋사오니 주께서 만일 원하시면 내가 여기서 초막 셋을 짓되 하나는 주를 위하여, 하나는 모세를 위하여, 하나는 엘리야를 위하여 하리이다

말할 때에 홀연히 빛난 구름이 저희를 덮으며 구름 속에서 소리가 나서 가로되 이는 내 사랑하는 아들이요 내 기뻐하는 자니 너희는 저의 말을 들으라 하는지라

제자들이 듣고 엎드리어 심히 두려워하니

예수께서 나아와 저희에게 손을 대시며 가라사대 일어나라 두려워 말라 하신대

제자들이 눈을 들고 보매 오직 예수 외에는 아무도 보이지 아니하더라

저희가 산에서 내려올 때에 예수께서 명하여 가라사대 인자가 죽은자 가운데서 살아나기 전에는 본것을 아무에게도 이르지 말라 하시니

제자들이 묻자와 가로되 그러면 어찌하여 서기관들이 엘리야가 먼저 와야 하리라 하나이까

예수께서 대답하여 가라사대 엘리야가 과연 먼저 와서 모든 일을 회복하리라

내가 너희에게 말하노니 엘리야가 이미 왔으되 사람들이 알지 못하고 임의로 대우하였도다 인자도 이와 같이 그들에게 고난을 받으리라 하시니

그제야 제자들이 예수의 말씀하신 것이 세례 요한인 줄을 깨달으니라"(마 17:1-13).

여러분, 오늘 하루도 수고 많았습니다. 여러분은 낮 동안 힘에 지나도록 일을 하고 저녁 예배에 참석한 줄 압니다. 우리가 하루하루 사는 것이 쉽지는 않습니다. 그렇지만 곤고한 중에도 말씀을 믿음으로 마음을 지키는 것이 참으로 중요합니다. 일체유심조(一切唯心造)라는 말이 있습니다. 이 격언은 "모든 것은 마음먹기에 달려 있다"라는 뜻인데 세상의 이치로 보아도 이 말은 맞는 말입니다. 더구나 우리는 전능하신 하나님 아버지의 자녀들입니다. 그러므로 우리가 하나님을 믿음으로 마음을 지키면 하나님께서 모든 일에 우리를 견고하게 지켜 주십니다. 하나님께서는 **"소년이라도 피곤하며 곤비하며 장정이라도 넘어지며 자빠지되 오직 여호와를 앙망하는 자는 새 힘을 얻으리니 독수리의 날개치며 올라감 같을 것이요 달음박질하여도 곤비치 아니하겠고 걸어가도 피곤치 아니하리로다"**(사 40:30-31)라고 말씀하셨습니다.

육신적으로는 저도 늘 힘이 들고 피곤합니다. 복잡하고 힘든 일이 한두 가지가 아닙니다. 낮에는 일을 해서 돈을 벌어야 하고 저

녁과 새벽에는 문서선교의 사역을 위해서 컴퓨터 앞에 앉아 있어야 합니다. 그러나 아무리 힘들고 어려움이 많아도 우리는 하나님의 말씀을 믿음으로 우리의 마음을 지켜야 합니다. **"무릇 지킬만한 것보다 더욱 네 마음을 지키라 생명의 근원이 이에서 남이니라"**(잠 4:23)고 말씀하셨습니다. 우리는 무엇보다도 마음을 잘 지켜야 합니다.

저도 올해부터 노인기초연금을 받습니다. 다른 사람들 같으면 뒷방에 물러앉아야 할 나이인데, 이렇게 할 일이 많아서 바쁘게 살게 해 주신 하나님께 감사를 드립니다. 제 친구들 중에 대학교수들이 몇몇 있는데, 작년에 은퇴한 친구들이 있고 나머지도 올해엔 은퇴를 합니다. 교수직이니까 그나마 현직에 좀 더 있었던 것이지 회사에 다녔던 다른 친구들은 벌써 다 은퇴를 했습니다. 저는 이렇게 돈을 벌면서 복음 전파의 사역을 하는 것이 좋습니다. 사도 바울도 천막을 만들어 팔아서 스스로 생활비를 충당하는 자비량(自費糧) 선교를 했습니다. 바울이 고린도에서 복음을 전하다가 로마에서 추방된 브리스길라와 아굴라라는 부부를 만난 것도 그들과 천막을 짜는 직업이 같았기 때문입니다(행 18:2). 우리도 생업에 종사하는 중에 많은 영혼들을 만납니다. 저는 그들의 마음밭을 살펴보아서 복음의 씨를 뿌리기도 합니다.

변화산(變化山)의 이적(異蹟)

베드로가 **"주는 그리스도시요 살아 계신 하나님의 아들이시니이다"**(마 16:16)라는 신앙고백을 해서 주님께로부터 큰 칭찬을 받은 후에 곧 크게 책망을 들었던 일이 있은 지 **"엿새 후"**에, 예수님께서 베드로, 야고보 그리고 요한만을 데리고 기도하러 높은 산에 올라가셨습니다. 거기서 기도하던 중에 예수님의 얼굴은 해와 같이 빛나고 주님의 옷은 새하얗게 변했습니다. 예수님 안에 있는 신성(神性)이 그대로 드러난 것입니다. 청년 사울이 부활하신 예수님을 만났을 때에도 주님은 태양보다 더 밝은 빛으로 나타나셨습니다(행 26:13). 태양을 맨눈으로 쳐다볼 수 없듯이 제자들은 너무 눈이 부셔서 예수님을 제대로 바라볼 수 없었습니다. 놀라운 광경을 보고 세 제자들은 두려워서 땅에 엎드렸는데, 두런두런 말씀하는 소리가 들렸습니다. 그들이 눈을 살짝 떠 봤더니, 모세와 엘리야가 나타나서 예수님과 더불어 말씀을 나누고 있었습니다.

이 얼마나 놀라운 일이었겠습니까? 그렇게 놀라운 광경을 본 베드로는 엉겁결에, **"주여 우리가 여기 있는 것이 좋사오니 주께서 만일 원하시면 내가 여기서 초막 셋을 짓되 하나는 주를 위하여, 하나는 모세를 위하여, 하나는 엘리야를 위하여 하리이다"**(마 17:4) 하고 주님께 말씀을 드렸습니다. 그 이적은 "예수님은 하나님이시다"라는 진리를 계시한 이적입니다. 예수님은 하나님입니다. 모세와 엘리야가 함께 나타나서 예수님과 대화를 했지만 예수님은 그들과 비교할 수 없이 높은 분입니다. 모세와 엘리야는 우리와 같은 피조물이고 예수님은 육신을 입고 오신 성자(聖子) 하나님입니다. 비록 지금은 우리와 같은 육신의 모습으로 오셔서 인류의 구원을 위해서 고난의 길을 가고 계시지만, 예수님은 영원 전부터 하나님 아버지와 함께 계셨던 참 신(神)입니다. **"그 안에는 신성의 모든 충만이 육체로 거"**(골 2:9)하셨습니다. 예수님은 온 우주와 그 안의 만물을 다 만드신 창조주(創造主) 하나님입니다. 예수님은 우리가 감히 바라볼 수도 없는 하나님이기에, 세례 요한도 "나는 그분의 신발끈조차 풀어드릴 만한 자격도 없다"라고 고백했습니다.

그렇게 높으신 하나님께서 우리를 구원하기 위해서 우리와 똑같은 육신을 입고 우리 가운데 오셨습니다. 그러나 우리가 분명히 알 것은, 비록 예수님께서 육신의 모습으로 오셨지만 예수님은 참 하나님이라는 사실입니다. 예수님은 **"참 빛 곧 세상에 와서 각 사람에게 비취는 빛"(요 1:9)**이었습니다. 그에게는 어두움이 전혀 없고 회전하는 그림자도 없었습니다(요일 1:5, 약 1:17). 그토록 거룩하고 높으신 분께서 우리 가운데 오셔서 당신의 생명을 드려 우리의 모든 죄를 없애 주시고 우리의 벗이 되어 주셨습니다. 그러니 얼마나 엄청난 영광입니까? 우리와 같은 죄 덩어리들을 모든 죄에서 구원해서 당신의 벗이 될 수 있도록 우리를 찾아오신 분이 예수님입니다. 예수님의 신성이 드러났을 때에 모세와 엘리야가 나타나서 예수님과 말씀을 나누었다고 기록되어 있지만, 사실 이들은 예수님과 대화를 나눈 것이 아니라 예수님께 나와서 경배를 드렸을 것입니다. 예수님께서 탄생하셨을 때에도 동방에서 온 현자들이 아기 예수께 경배를 드렸듯이, 모든 인류는 "주님, 감사합니다. 당신은 벌레만도 못한 우리를 사랑하셔서 우리의 대속의 제물이 되어 주시려고 육신을 입고 오신 하나님입니다" 하고 예수님께 감사와 찬미의 경배를 드려야 마땅합니다. 예수님은 우리가 범접할 수 없는 참 하나님입니다.

그런데 교과서에서는 예수님을 4대 성인 중의 한 사람이라고 가당치도 않은 헛소리를 가르칩니다. 예수님은 창조주 하나님입니다. 그분은 감히 인간이 쳐다볼 수도 없이 높은 영광의 하나님입니다. 그토록 높은 성자 하나님께서 우리를 죄에서 구원하시려고 가장 낮은 모습으로 육신을 입고 우리 가운데 오셨습니다. 그리고 대제사장이 기름부음을 받는 나이, 즉 서른 살이 되자 인류의 대표자인 세례 요한에게 안수(按手)의 형식으로 세례를 받으셨습니다. 안수는 희생제물에게 죄를 넘기는 하나님의 법입니다. 예수님께서 받으신 세례는 **"이와 같이 하여 모든 의를 이루는"**(마 3:15) 구원의 사역이었습니다. "그 세례"(the Baptism, 행 10:37)로 우리의 모든 죄와 허물을 담당하신 주님은 이제 그 모든 죄의 값을 지불하기 위해서 십자가로 가셔야 했습니다. **"죄의 삯은 사망"**(롬 6:23)이라는 하나님의 법을 공의하게 이뤄 드리기 위해서, 주님은 우리가 죽어야 할 자리에서 우리를 대신해서 못 박혀 돌아가셨습니다. 주님은 십자가 위에서 여섯 시간 동안 절규하시며 피를 흘리시고 **"다 이루었다"**(요 19:30)라고 크게 외치신 후에 돌아가셨습니다. 예수님은 **"물과 피로 임"**(요일 5:6)하셔서 드리신 **"한 영원한 제사"**(히 10:12)로 우리의 죄를 없애 주시는 사역을 온전히 다 이루셨습니다.

베드로는 모세와 엘리야가 나타나서 예수님과 함께 말씀을 나누는 것을 보고, **"주여 우리가 여기 있는 것이 좋사오니 주께서 만일 원하시면 내가 여기서 초막 셋을 짓되 하나는 주를 위하여, 하나는 모세를 위하여, 하나는 엘리야를 위하여 하리이다"** 하고 주님께 간청하였습니다. 이 세상 사람들처럼 베드로도 예수님을 모세나 엘리야와 동격(同格)으로 생각했던 것입니다. 어디라고 예수님을 모세와 엘리야와 같은 수준으로 여겨서 초막 셋을 지어서 세 분을 모시겠다고 말을 합니까? 물론 베드로가 당황해서 그랬을 것입니다. 아직은 베드로도 영적으로 영민하지 못했습니다. 우리가 영적으로 미숙할 때에는 육신적인 판단이 먼저 올라옵니다. 모세와 엘리야는 이스라엘 백성들이 우러러보는 구약의 대표적인 두 인물입니다. 모세는 율법의 대표이고 엘리야는 선지자 중의 대표입니다. 구약성경에 기록된 가장 위대한 두 인물이 나타나서 예수님과 함께 계신 장면을 보았으니 베드로의 눈에는 그 장면이 얼마나 영광스러웠겠습니까? 베드로는 이 세 분을 위해서 초막 셋을 짓고 그 세 분을 모시고 살면 참으로 좋겠다고 생각했는데, 좀 더 깊이 생각해 보면 그것은 그의 영광심의 발로였습니다. 사람은 자기가 높은 사람과 함께 있으면 자기도 그들과 같은 급(級)인 양 우쭐거리기 쉽습니다.

그런데 예수님께서는 "오늘 너희들이 본 것을 입 밖에도 내지 말라"라고 당부하셨습니다. 왜 그러셨을까요? 베드로는 사람의 일을 생각했지만 예수님께서는 하나님의 일을 생각하셨기 때문입니다. 영적인 사람은 하나님의 일을 먼저 생각하고 육신적인 사람은 사람의 일을 먼저 생각합니다. 주님은 영광을 받으러 오신 분이 아니라 십자가에 못 박혀 돌아가시려고 오신 분입니다. 예수님께서는 자신의 몸을 제물로 드리는 구원의 사역에 훼방이 되지 않게 하려고 제자들에게 함구령을 내리셨습니다. 주님은 당신께서 만드신 피조물들에게 가시관이 씌워져서 뺨을 맞으시고 침 뱉음을 당하시고 십자가의 형틀로 끌려가시면서 당신의 죽음의 길을 묵묵히 걸어가셨습니다. 주님께서는 털 깎는 자의 손에 맡겨진 어린양처럼 모든 능욕을 잠잠히 받으셨습니다. 전능하신 하나님께서 왜 그렇게 잠잠히 능욕과 고난을 받으셨습니까? 저와 여러분들을 진정으로 사랑하시기 때문에 주님은 우리의 모든 죄를 대신 짊어지고 죽음의 길을 가셨습니다. 우리 인간이 감히 범접할 수 없는 영광의 주님께서 우리의 벗이 되어 주시려고 육신을 입고 우리 가운데 오셔서, 당신을 제물로 드려서 우리를 구원해 주셨습니다. 주님의 희생하심으로 우리는 이제 영생을 얻게 되었습니다.

오리라 한 엘리야, 세례 요한

제자들은 "그러면 어찌하여 서기관들이 엘리야가 먼저 와야 하리라 하나이까"(마 17:10) 하고 주님께 물었습니다. 말라기(Malachi)서에 "만군의 여호와가 이르노라 보라 내가 내 사자를 보내리니 그가 내 앞에서 길을 예비할 것이요 또 너희의 구하는바 주가 홀연히 그 전에 임하리니 곧 너희의 사모하는바 언약의 사자가 임할 것이라"(말 3:1)고 기록되어 있고, 또 "보라 여호와의 크고 두려운 날이 이르기 전에 내가 선지 엘리야를 너희에게 보내리니 그가 아비의 마음을 자녀에게로 돌이키게 하고 자녀들의 마음을 그들의 아비에게로 돌이키게 하리라 돌이키지 아니하면 두렵건대 내가 와서 저주로 그 땅을 칠까 하노라 하시니라"(말 4:5-6)고 하나님께서 약속하셨습니다. 그러니 이스라엘 백성들은 엘리야가 먼저 와서 이스라엘 백성의 마음을 하나님께로 돌이키게 하고 그 후에 주님께서 오셔서 구원의 큰 역사를 베푸신다고 믿었습니다.

구약의 마지막 선지자인 말라기(Malachi)가 하나님의 말씀을 전한 후에 400여 년 동안 하나님의 말씀을 전하는 선지자가 전혀 없었습니다. 영적으로 아주 깜깜했던 400여 년의 흑암기가 지난 후에 세례 요한이 혜성처럼 등장합니다. 세례 요한이 바로 **"오리라 한 엘리야"**입니다. 그는 높은 산은 낮아지고 낮은 골짜기는 돋우어져서 주의 길을 평탄케 하는 일, 즉 백성들의 마음을 준비시켜서 구원자로 오시는 예수님을 맞이하게 하였습니다. 그는 진정으로 회개한 자들에게 회개의 표로써 세례를 주면서 그들에게 참 빛으로 오실 예수 그리스도를 소개했습니다. 세례 요한은 "내 뒤에 한 분이 오시는데, 나도 아직은 그분이 누구신지를 모른다. 그러나 나를 보내서 물로 세례를 주라고 하신 하나님 아버지께서 '네가 세례를 베풀 때에 누구 위에 성령이 비둘기 모양으로 임하는 것을 보거든 그가 메시아인 줄 알라'라고 말씀하셨다"라고 전파하며 백성들에게 세례를 베풀었습니다. 세례 요한은 "구원자로 오실 분이 너희들처럼 안수의 형식으로 세례를 받을 때에 너희들의 모든 죄가 그분에게 다 넘어갈 것이다" 하며 **"의의 도"**를 전파했습니다. 그래서 요한이 참수를 당한 후에, 예수님은 **"요한이 의의 도로 너희에게 왔거늘 너희는 저를 믿지 아니하였으되 세리와 창기는 믿었으며 너희는 이것을 보고도 종시 뉘우쳐 믿지 아니하였도다"**(마 21:32)라고 증거하셨습니다.

세례 요한은 예수님을 증거하라고 하나님께로부터 보내심을 받은 자입니다. 세례 요한은 엘리야의 심령으로 온 하나님의 종입니다. 이스라엘 백성이 패역해서 하나님을 배반하고 우상을 숭배했던 구약의 아합 왕 시절에, 하나님은 엘리야라는 하나님의 종을 일으켜서 백성들의 마음을 하나님께로 돌이키게 했습니다. 엘리야는 갈멜산에서 바알 신과 아세라 신을 섬기던 거짓 선지자 850명과 영적인 대결을 해서 여호와 하나님만이 참 신이라고 입증한 하나님의 사자(使者)였습니다. 그 승리로 엘리야와 백성들은 거짓 선지자들을 다 쳐 죽이고 나라를 새롭게 함으로써 이스라엘은 영적 부흥의 시대를 맞았습니다. 세례 요한도 엘리야의 심령으로 하나님의 뜻을 선포해서 백성들의 마음을 하나님께 돌이키게 했습니다. 그래서 **"오리라 한 엘리야가 바로 세례 요한"**이라고 예수님께서 친히 증거하셨습니다.

세례 요한은 우리의 구원사역에 있어서 아주 중요한 분입니다. 그는 백성들의 마음을 준비시켜 주었고 또 무엇보다도 예수님에게 안수의 형식으로 세례를 베풀어서 인류의 죄를 단번에 넘기는 구원의 사역에 동참했습니다. 세례 요한의 사역이 없었으면 예수님의 구원사역은 완성될 수 없었습니다. 그렇지만 세례 요한은 어디까지나 하나님께서 인류의 대표자로 택하셔서 전 인류의 죄를 단번에 넘기는 역할을 감당하도록 세운 하나님의 종에 불과합니다. 세례 요한이든지 모세든지 엘리야든지, 피조물인 인간은 어느 누구도 감히 자신을 창조주이신 예수님과 비교할 수는 없습니다.

예수님은 인간이 감히 범접하지 못할 하나님입니다. 그토록 어마어마한 분께서 우리를 구원하기 위해서 우리 가운데 육신으로 오셨습니다. 그리고 우리의 벗이라고 불러 주셨습니다. 그러니 우리는 다만 황감(惶感)할 따름이고 주님께 머리를 조아려 감사와 경배를 드릴 따름입니다.

말씀을 마쳤습니다.

하나님은 우리의 믿음 위에 역사하신다

"저희가 무리에게 이르매 한 사람이 예수께 와서 꿇어 엎드리어 가로되

주여 내 아들을 불쌍히 여기소서 저가 간질로 심히 고생하여 자주 불에도 넘어지며 물에도 넘어지는지라

내가 주의 제자들에게 데리고 왔으나 능히 고치지 못하더이다

예수께서 대답하여 가라사대 믿음이 없고 패역한 세대여 내가 얼마나 너희와 함께 있으며 얼마나 너희를 참으리요 그를 이리로 데려오라 하시다

이에 예수께서 꾸짖으시니 귀신이 나가고 아이가 그때부터 나으니라

이 때에 제자들이 종용히 예수께 나아와 가로되 우리는 어찌하여 쫓아내지 못하였나이까

가라사대 너희 믿음이 적은 연고니라 진실로 너희에게 이르노니 너희가 만일 믿음이 한 겨자씨만큼만 있으면 이 산을 명하여 여기서 저기로 옮기라 하여도 옮길 것이요 또 너희가 못할 것이 없으리라"(마 17:14-20).

성도 여러분 안녕하셨습니까? 또 한 주간이 지났습니다. 여러분은 지난 한 주간 동안에도 많은 어려움을 겪었을 것입니다. 우리가 복음 전파의 사명을 품고 살아가면서 크고 작은 어려움들을 겪게 되는데, 어려움에 처한 그때가 바로 하나님께 기도드릴 때입니다.

우리는 날마다 숨쉬는 순간마다 어려움을 겪지만, 아무리 태산 같은 문제라도 주님께 아뢰고 도움을 구하면 하나님께서 놀랍게 해결해 주시는 것을 경험하게 됩니다. "**아무 것도 염려하지 말고 오직 모든 일에 기도와 간구로, 너희 구할 것을 감사함으로 하나님께 아뢰라 그리하면 모든 지각에 뛰어난 하나님의 평강이 그리스도 예수 안에서 너희 마음과 생각을 지키시리라**"(빌 4:6-7)고 약속하셨고, "**의인의 간구는 역사하는 힘이 많으니라**"(약 5:16)고도 말씀하셨습니다. 거듭난 의인들이 믿음으로 기도하면 하나님 아버지께서 반드시 응답하십니다. 그래서 우리는 살아 계신 하나님의 도우심을 경험합니다. 지금 여기까지 오면서 우리는 수많은 기도의 응답을 받았습니다. 우리에게 복음을 전파하고자 하는 소원이 있었기에, 우리의 겨자씨만 한 믿음을 하나님께서 기뻐하시고 우리보다 앞서 가시면서 우리의 발걸음을 인도하셨습니다. 우리가 믿음이 없어서 어떤 장애들을 담대히 뛰어 건너지 못할 때에는 징검다리를 놓아주셔서 건너게 하셨습니다.

하나님께서 우리를 여기까지 오게 하신 과정 하나하나가 다 믿음의 간증입니다. 우리가 "도서출판 의제당"을 설립한 과정도 놀랍습니다. "의제당"(義齊堂)이라는 이름은 "하나님의 의를 널리 전파하는 집"이라는 뜻인데, 이 이름도 하나님께서 주셨습니다. 수년 전 가을, 탑동 공원에서 탐라 축제가 열리고 있었습니다. 저는 주일예배를 드리고 제 아내와 함께 바람도 쐴 겸 축제 구경을 갔었습니다. 축제 마당에 들어서자 부스(booth)들이 줄지어 있었는데, 첫 번째 부스는 목각(木刻) 체험을 하는 곳이었고, 두 번째 부스는 서예(書藝) 체험장이었습니다. 저는 40여 년 전 대학시절에 서예 동아리 모임에 참여했었는데, 그때 이래로 붓을 잡은 적이 없었지만 문득 몇 자 적어보고 싶은 충동이 일었습니다.

그래서 화선지를 문진(文鎭)으로 눌러놓고 붓을 잡았습니다. "무엇을 쓸까?" 하고 잠시 망설이다가, "아! 당호(堂號)를 하나 지어야겠다" 하는 생각을 하게 되었습니다. 제가 대학원을 마칠 즈음 미국에 유학을 하려고 준비할 때에, 제가 유학하려는 연구소에서 객원교수로 계셨던 시인(詩人) 구상(具常) 선생님 댁을 몇 번 방문한 적이 있었습니다. 제가 붓을 잡고 망설이는 순간, 한강이 내려다보이는 구상 선생님의 서재 앞에 "관수재"(觀水齋)라는 목각 당호가 걸려 있었던 기억이 문득 났습니다. 그리고는 망설임 없이 쓴 이름이 "의제당"입니다. 제가 그날 오후에 바람이나 쐬자고 아내와 함께 축제 행사장에 갔던 것이었고, 평소에 당호(堂號)를 지어야겠다고 생각한 적도 없었습니다. 그냥 나도 모르는 순간에 "의제당"이란 이름의 당호를 쓰게 되었습니다. 그런데 써놓고 보니 이름이나 자형(字形)이 마음에 들었습니다.

"의제당"(義齊堂)—"하나님의 의를 나누는 집." 그래서 저는 바로 옆의 목각(木刻) 체험 부스로 가서 그곳의 진행자들이 준비해

준 목판에 그 화선지를 붙이고 목각을 시작했습니다. 저는 대학시절에 낙관(落款)에 쓰려고 옥도장을 새겨본 적은 몇 번 있지만, 목각은 해본 적이 없었습니다. 저는 몇 번 망치질을 하다가 글씨마저 망치겠다 싶어서, 결국 목각 체험장을 주관하는 분에게 각자(刻字)를 부탁했습니다. 그리고 집에 가져와서 마무리 작업을 해서 얻은 목각 당호(堂號)가 "의제당"(義齊堂)입니다.

그 후에 저는 "의제당"이라는 이름으로 문서선교를 위한 출판사를 등록하게 되었습니다. 일단은 출판사 등록을 하려면 사무실이 있어야 합니다. 당시에 저는 미혼의 아들과 딸이 각각 한 명씩 있었고 장모님도 모시고 살아야 했기 때문에 방이 다섯 개가 있는 집을 구해야 했습니다. 방이 네 개인 집은 더러 있었지만 방이 다섯 개가 있는 집은 찾기 어려웠습니다. 그런데 마침 방이 다섯인 집이 지역정보지에 나왔습니다. 그래서 지금 살고 있는 이 집을 얻게 되었는데, 계약서를 쓰면서 보았더니 이 집 주소가 "제주시 계명길 10번지"였습니다. 계명(誡命)이라는 이름이 얼마나 아름답습니까? 그것도 십계명(十誡命)을 연상하게 하는 계명길 10번지였습니다. 참으로 아름다운 지번의 집을 얻게 되었습니다. 저는 **"내게 줄로 재어 준 구역은 아름다운 곳에 있음이여 나의 기업이 실로 아름답도다"(시 16:6)**라는 말씀이 생각났습니다. 이 집은 넓은 정원에 나무도 많습니다. 게다가 이 집의 2층은 사무실로 등기가 되어 있어서, 그동안 제 아들의 사업체 사무실을 같이 쓰고 있던 도서출판 "의제당"을 저희 집 2층으로 옮길 수 있게 되었습니다. 그렇게 해서 저는 조용하고 넓은 2층에서 마음껏 문서선교의 사역을 할 수 있게 되었습니다. 하나님께서는 우리의 복음 사역을 기뻐하셔서 모든 것들을 예비해 두시고 때를 따라 인도해 주셨습니다. 우리가 진리의 원형복음(原形福音)을 전파하는 데에 온 마음을 드리는 한, 하나님께서는 우리의 필요를 다 채워 주시고 우리가 간구할 때마다 응답하신다고 저는 믿습니다.

성경은 하나님께서 우리를 구원하신 역사의 기록인 동시에 하나님의 말씀을 믿음으로 은총을 입은 의인들의 영적 기록이기도 합니다. 믿음의 조상인 아브라함을 한번 생각해 봅시다. 탈무드에 의하면 아브라함은 유프라테스 강변의 큰 도시인 우르(Ur)의 부자 가문에서 태어났습니다. 아브라함의 집안은 우상(偶像)을 만들어 파는 부자였는데, 하나님께서 아브라함을 부르시자 그는 본토 친척 아비 집을 떠나 하나님의 말씀을 따라갔습니다. 그는 갈 바를 알지 못했지만, 하나님의 말씀을 믿고 그 말씀을 따라갔습니다. 이러한 믿음의 결단은 결코 쉬운 일이 아닙니다. 그러나 아브라함은 땅의 재물들보다 영생을 사모했고 하나님께서는 그에게 약속하신 모든 말씀을 신실하게 다 이루어 주셨습니다.

하나님께서는 아브라함의 믿음 위에 역사하셨습니다. 성경은 **"믿음이 없이는 기쁘시게 못하나니 하나님께 나아가는 자는 반드시 그가 계신 것과 또한 그가 자기를 찾는 자들에게 상 주시는 이심을 믿어야 할찌니라"**(히 11:6)고 말씀합니다. 하나님께서 기뻐하시며 받으시는 예물(禮物)은 우리의 믿음입니다. 여러분은 하나님께서 살아 계신 것을 믿습니까? 예, 하나님께서는 살아 계시고 우리와 함께 계십니다. 우리는 허공을 치듯이 헛되게 믿지 않습니다. 우리는 생존하시는 하나님을 눈으로 보는 것같이 믿습니다.

하나님은 우리에게 은혜를 베푸셔서 우리의 모든 죄를 없애 주셨을 뿐만 아니라 하나님을 믿고 좇는 우리에게 필요한 모든 것들을 공급하십니다. 물과 피의 복음을 믿고 거듭난 당신의 자녀들에게 하나님께서는 은혜를 풍족하게 베푸십니다. **"너희는 먼저 그 나라와 그 의를 구하라 그리하면 이 모든 것을 너희에게 더하시리라"**(마 6:33)고 주님은 약속하셨고, 우리는 그 약속의 말씀을 믿습니다. 주님께서는 실제로 그 약속의 말씀대로 저에게 모든 것들을 공급해 주셨습니다. 제가 처음 제주도에 내려왔을 때에는 가진 것도 별로 없었고 건강도 좋지 않았습니다. 살아갈 길이 참으로 막막했지만 저는 오직 진리의 원형복음(原形福音)을 믿고 전파하기를 원했을 뿐입니다. 그런데 하나님께서는 저에게 복음 전파의 길을 열어 주셨고, 이제는 함께 진리의 복음을 믿고 전파하기를 원하는 성도들을 하나하나 불러 모아 주셔서 제주은혜교회로 모이게 하셨고 자원함과 기쁨으로 복음을 섬기게 하셨습니다.

"물 만난 물고기"라는 표현이 있습니다. 저는 어려서 시골에서 살면서 물고기를 많이 잡아 보았습니다. 맨손으로 물고기를 잡아서 모래사장에 던져 놓으면 팔딱팔딱 뛰다가 이내 죽습니다. 물고기

중에서도 비늘 있는 물고기는 더 쉽게 죽습니다. 반면에 비늘 없는 물고기들, 예컨대 뱀장어나 미꾸라지 같은 것들은 물 밖에서도 오랫동안 죽지 않습니다. 비늘이 있는 물고기는 거듭난 의인을 계시하는데, 거듭난 자들이 **"궁창 위의 물"**(창 1:7)인 하나님의 말씀을 떠나면 머지않아 죽습니다. 그런데 하나님께서 궁창 위의 물이 풍성한 하나님의 교회를 우리에게 주셔서 우리가 그 안에서 기뻐하며 마음껏 헤엄치게 하셨습니다. 거듭난 의인들에게 하나님의 교회가 있다는 것은 "물 만난 물고기"와 같은 큰 기쁨이며 축복입니다. 거듭났어도 교회가 없다면 우리는 고아나 마찬가지입니다. 하나님께서 우리에게 교회를 주셔서 우리 모두가 영적으로 생명이 넘치는 삶을 살게 되었습니다. 또한 우리가 연합해서 복음을 전파하는 일들은 결코 헛된 삶이 아닙니다. 그것은 하늘에 보화를 쌓는 일입니다.

하나님께서는 우리의 믿음 위에 역사하십니다

예수님께서 올리브 산에서 놀랍게 변화하신 사건이 있은 후에 산에서 다시 내려오셨습니다. 그때 한 사람이 예수님께 달려와서 무릎을 꿇고 자기의 아들을 불쌍히 여겨달라고 간청했습니다. 그의 아들은 간질병으로 불이나 물에 넘어져서 죽을 고비를 많이 겪었습니다. 그래서 그가 아들을 예수님께로 데리고 왔었는데 예수님은 세 명의 제자들과 산에 올라가셨기에, 다른 제자들에게 사정을 고했으나 그들은 그 아이의 병을 고쳐 주지 못했습니다. 그러다가 예수님께서 내려오시니까 그 사람은 예수님께 간청을 하게 된 것입니다. 그의 사정을 들으신 예수님께서는 **"믿음이 없고 패역한 세대**

여 내가 얼마나 너희와 함께 있으며 얼마나 너희를 참으리요 그를 이리로 데려오라"라고 탄식하셨습니다. 제자들이 믿음이 없어서 그 아이의 병을 고치지 못했다고 책망하시는 말씀입니다.

"이에 예수께서 꾸짖으시니 귀신이 나가고 아이가 그때부터 나으니라"(마 17:18). 주님은 간질병에 걸린 아이를 데려오라 하셔서 귀신을 책망하시고 내쫓았습니다. 우리도 예수님의 권능을 믿고 귀신을 꾸짖으면 귀신은 도망갑니다. 어떤 문제든지 어떤 어려움이든지 우리가 주님의 권능을 믿음으로 기도하면 주님께서 역사하십니다. 우리는 기도할 때 하나님의 기뻐하시는 뜻을 좇아서 구해야 합니다. 우리가 하나님의 기뻐하시는 뜻을 마음에 품고 그 뜻을 위해서 기도하면, 우리가 무엇을 구하든지 하나님께서는 반드시 들으십니다. 우리가 무엇을 구하든지 마음 중심이 올발라야 합니다. 저는 이 땅의 것들, 즉 육신의 정욕과 안목의 정욕과 이생의 자랑에는 별로 관심이 없습니다. 그저 저의 남은 생애에 **"물과 피로 임하신 예수 그리스도"**(요일 5:6)의 복음을 온 힘을 다해서 전파하고자 할 따름입니다. 저는 오직 하나님께서 우리에게 풍성하게 베풀어 주신 **"은혜의 영광을 찬미"**(엡 1:6)하기를 원합니다.

주님의 말씀으로 귀신이 들려서 간질병을 앓던 아이가 온전해졌습니다. 하나님께서는 우리가 영육간에 온전해지기를 원하십니다. 우리의 정신이나 육신이 모두 건강해야 복음 전파의 일도 힘있게 할 수 있습니다. **"이러므로 너희 죄를 서로 고하며 병 낫기를 위하여 서로 기도하라 의인의 간구는 역사하는 힘이 많으니라"**(약 5:16)고 말씀하셨습니다. 여러분은 죄 사함을 받은 의인입니까? 그러면 자신이나 다른 성도의 병을 낫게 해달라고 하나님께 믿음으로 기도를 드리십시오. 하나님의 살아 계심과 전능하심을 믿고 기도하면 하나님께서 반드시 역사하십니다. 살아 계신 하나님께서는 우리의 믿음을 기뻐하시고 우리에게 겨자씨만 한 믿음이라도 있으면 그 믿음 위에 역사하십니다.

물과 피의 복음을 믿는 믿음

그러자 제자들은 주님께서 귀신을 쫓아내신 것을 보고 머쓱해져서, "우리는 어찌하여 쫓아내지 못하였나이까?" 하고 주님께 여쭈었습니다. 예수님께서는 **"너희 믿음이 적은 연고니라 진실로 너희에게 이르노니 너희가 만일 믿음이 한 겨자씨만큼만 있으면 이 산을 명하여 여기서 저기로 옮기라 하여도 옮길 것이요 또 너희가 못할 것이 없으리라"**라고 대답해 주셨습니다. 믿음은 하나님의 능력을 빌려다가 쓰는 것입니다. **"나는 여호와요 모든 육체의 하나님이라 내게 능치 못한 일이 있겠느냐"**(렘 32:27)라고 하나님께서 말씀하셨는데, 하나님 앞에는 불가능한 일이 없습니다 하나님은 없는 것도 있는 것같이 부르시는 전능자(全能者)이신데, 우리는 믿음으로 하나님의 놀라운 능력을 경험하게 됩니다. 따라서 믿음이 있는 사람은 무엇이든지 담대하게 기도합니다. 하나님의 능력을 믿지 않는 사람은 기도를 하지 않습니다. 또 믿음이 없이 입술로만 기도하는 것은 허공을 치는 것과 같이 공허한 것입니다. 우리는 겨자씨만 한 믿음이라도 믿음을 가지고 기도해야 합니다.

겨자씨만 한 믿음이란 어떤 믿음일까요? 믿음의 첫 단계는 **"반드시 그(하나님)가 계신 것과 또한 그가 자기를 찾는 자들에게 상 주시는 이심"**(히 11:6)을 믿는 것입니다. 여러분은 하나님께서 살아 계신다고 믿습니까? 예. 여러분이 그렇게 믿기 때문에 지금 하나님 앞에 나와서 예배를 드리고 있지 않습니까? 또 여러분은 하나님이 당신을 찾아 나오는 모든 이들에게 구원의 상(賞)을 주신다고 믿습니까? 예. 하나님께서는 당신의 구원을 바라고 나오는 상한 심령들을 **"물과 피의 복음"**으로 만나 주시고 그들을 거듭나게 하셔서 천국 영생의 상(賞)을 주십니다. **"물과 피의 복음"**을 온전히 믿어서 죄 사함을 받은 사람은 겨자씨만 한 믿음이 다 있습니다. 그러므로 그 믿음을 담대하게 쓰면 됩니다. 거듭난 의인들은 하나님의 자녀입니다. 자녀들은 마치 맡겨 놓은 것을 찾아가듯이, 자기의 아버지께 무엇이든지 달라고 당당히 요구합니다. **"자기 아들을 아끼지 아니하시고 우리 모든 사람을 위하여 내어주신 이가 어찌 그 아들과 함께 모든 것을 우리에게 은사로 주지 아니하시겠느뇨"**(롬 8:32)라고 말씀하셨습니다. 우리에게 물과 피의 복음을 믿는 믿음이 있다면, 살아 계신 하나님 아버지께서 우리를 사랑하셔서 당신의 외아들을 아낌없이 내어 주셨고, 성자 예수님은 **"물과 피로 임**(요일 5:6)하셔서 우리를 모든 죄에서 온전히 구원하셨다는 그 믿음만 있으면, 우리는 하나님 아버지께 무엇이든지 담대하게 구할 수 있고 하나님의 응답을 받을 수 있습니다.

다만 우리가 하나님께 무엇을 구하기 전에 그것이 하나님께서 기뻐하시는 뜻인지 여부를 먼저 생각해 보아야 합니다. 우리가 구하는 것이 하나님의 나라와 그의 의(義)를 위한 것이라면 무엇이든지 믿음으로 구하십시오. 그러면 하나님께서 반드시 응답하십니다. 하나님은 **"우리의 온갖 구하는 것이나 생각하는 것에 더 넘치도록 능히 하실 이"**(엡 3:20)입니다. 저는 저의 남은 생애를 복음 전파에 헌신하기를 원합니다. 그러나 저의 능력은 한계가 있고, 우리의 모임은 적습니다. 그러나 우리는 하나님의 교회이며 우리에게는 겨자씨만 한 믿음이 있습니다. 또 주님께서는 **"적은 무리여 무서워 말라 너희 아버지께서 그 나라를 너희에게 주시기를 기뻐하시느니라"**(눅 12:32)고 약속하셨습니다. **"물과 피의 복음"** 안에 있는 우리가 비록 적은 무리라고 하더라도 온전한 믿음으로 기도하면 이루지 못할 일이 없습니다. 우리가 모여서 서로의 믿음을 격려하면서 기도할 때에 우리는 항상 하나님의 역사하심을 맛보게 될 것입니다.

우리는 천국의 본향을 사모하며 이 땅에서는 나그네와 행인처럼 우리의 남은 삶을 살아갈 것입니다. 우리는 우리의 여생을 영혼들을 구원하는 일에 다 드리기를 원합니다. 우리는 주님께서 우리를 구원하신 **"진리의 사랑"**(살후 2:10)을 입은 자들입니다. 그 진리의 사랑을 전파하기 위해서 필요한 어떤 것들이라도 우리가 믿음으로 기도하면 하나님은 반드시 들으십니다. 저와 여러분에게 믿음으로 하나님의 응답을 받은 간증들이 날마다 풍성하기를 바랍니다.

말씀을 마쳤습니다.

복음 전파의 훼방 거리를 주지 말라

"갈릴리에 모일 때에 예수께서 제자들에게 이르시되 인자가 장차 사람들의 손에 넘기워

죽임을 당하고 제 삼 일에 살아나리라 하시니 제자들이 심히 근심하더라

가버나움에 이르니 반 세겔 받는 자들이 베드로에게 나아와 가로되 너의 선생이 반 세겔을 내지 아니하느냐

가로되 내신다 하고 집에 들어가니 예수께서 먼저 가라사대 시몬아 네 생각은 어떠하뇨 세상 임금들이 뉘게 관세와 정세를 받느냐 자기 아들에게냐 타인에게냐

베드로가 가로되 타인에게니이다 예수께서 가라사대 그러하면 아들들은 세를 면하리라

그러나 우리가 저희로 오해케 하지 않기 위하여 네가 바다에 가서 낚시를 던져 먼저 오르는 고기를 가져 입을 열면 돈 한 세겔을 얻을 것이니 가져다가 나와 너를 위하여 주라 하시니라"(마 17:22-27).

예수님은 성자(聖子) 하나님입니다. 그분은 나와 여러분들을 죄에서 구원하시려고 우리와 같은 육신을 입고 이 땅에 오신 거룩하신 하나님입니다. "이제 허락하라 우리가 이와 같이 하여 모든 의를 이루는 것이 합당하니라 하신대 이에 요한이 허락하는지라"(마 3:15)—예수님께서는 요단강에서 인류의 대표자인 세례 요한에게 안수의 형식으로 세례를 받으심으로 당신의 육체에 인류의 모든 죄를 단번에 담당하셨습니다. 그리고 이제 우리에게 "모든 의"를

이루어 주기 위해서 예수님은 십자가에 못 박혀 돌아가셔야 합니다. 이는 하나님 아버지께서 예수님에게 지워 주신 숙명이었습니다.

예수님을 따른 제자들의 동기(動機)

제자들이 예수님을 따라다닌 지도 이제는 제법 오래되었습니다. 그래서 그들은 이제 예수님을 하나님의 아들이라고 고백하기도 했습니다. 그래서 **"이때로부터 예수 그리스도께서 자기가 예루살렘에 올라가 장로들과 대제사장들과 서기관들에게 많은 고난을 받고 죽임을 당하고 제 삼일에 살아나야 할 것을 제자들에게 비로소 가르치"**(마 16:21)셨는데, 베드로는 예수님을 붙들고 **"주여 그리 마옵소서 이 일이 결코 주에게 미치지 아니하리이다"** 하며 간청했습니다. 예수님께서 충성스러운 베드로의 말을 듣고 참 좋아하셨을 것 같죠? 아닙니다. 예수님께서는 **"사단아 내 뒤로 물러 가라 너는 나를 넘어지게 하는 자로다 네가 하나님의 일을 생각지 아니하고 도리어 사람의 일을 생각하는도다"**(마 16:23) 하시며 베드로를 크게 책망하셨습니다.

베드로를 책망하신 말씀을 대하면서 우리들은 자신을 돌아보아야 합니다. 우리들도 말로는 주님을 위하는 척하지만, 자기의 육신의 일을 중시하고 자기의 유익만을 도모하는 경우가 많습니다. 제자들이 예수님을 따라다닌 동기는 주님께서 예루살렘에 올라가셔서 다윗의 왕위를 회복하면 자기들도 한자리씩 차지할 속셈이었습니다. 제자들은 대부분 갈릴리 지방의 촌놈들이었습니다. 남이 그들을 알아주지도 않았고, 그들은 가방 끈이 짧은 자들, 즉 **"학문 없는 범인"**(행 4:13)들이었습니다. 그런데 예수님의 제자가 되고서 그들은 엄청난 인기를 누렸습니다. 아직 예수님께서 왕위에 오르시기 전인데도 이 정도의 영광을 누린다면, 장차 주님께서 예루살렘에 올라가셔서 다윗의 계통을 잇는 왕위를 차지하게 되면 자기들이 얼마나 대단한 영광과 권세를 누리겠나 하는 소망을 제자들은 품고 있었습니다.

성전 세(稅)를 바치는 것이 옳은가?

가버나움은 갈릴리 호숫가에 있는 어촌(漁村)인데, 그곳은 예수님께서 복음 전파의 사역을 하셨던 본거지였습니다. 예수님께서 가버나움에 다시 모인 제자들에게 **"인자가 장차 사람들의 손에 넘기워 죽임을 당하고 제 삼 일에 살아나리라"**라고 말씀하시니 제자들은 **"심히 근심"**했습니다. 그런 무거운 분위기 속에 반 세겔 받는 자들이 베드로에게 **"너의 선생이 반 세겔을 내지 아니하느냐"**라고 물었습니다. 세겔은 동전의 단위인데 **"반 세겔"**이란 성전을 유지하고 보수하기 위하여 거두는 성전 세(稅)였습니다.

베드로는 자신 있게 **"내신다"**라고 그들에게 대답을 하고 집으로 들어갔습니다. 그러자 예수님께서 **"시몬아 네 생각은 어떠하뇨 세상 임금들이 뉘게 관세와 정세를 받느냐 자기 아들에게냐 타인에게냐?"** 하고 베드로에게 물으셨습니다. 왕의 자녀인 왕자들은 나라의 주인이기 때문에 세금을 내지 않습니다. 그래서 베드로는 **"타인에게니이다"** 하고 대답했습니다. 그러자 예수님께서 **"그러하면 아들들은 세를 면하리라"**라고 말씀하셨습니다.

이 말씀은 거듭난 성도들은 하나님 나라의 자녀이고 주인이라는 뜻입니다. 성전(聖殿)뿐만 아니라 온 우주의 주인은 예수님입니다. 예수님은 만왕(萬王)의 왕이고 제자들은 하나님의 자녀들이기 때문에, 그들은 성전 세를 낼 필요가 전혀 없었습니다. 그런데도 주님은 **"저희로 오해케 하지 않기 위하여"** 여차여차한 방법으로 성전 세를 내라고 당부하셨습니다. 여기에서 **"저희로 오해케 하지 않기 위하여"**라는 말씀이 우리에게 아주 중요한 의미를 갖습니다.

복음 전파의 훼방 거리를 주지 말라

우리는 하나님의 복음을 전파하는 일꾼들입니다. 진리의 복음을 전파해서 한 영혼이라도 더 구원을 얻게 하는 일이 우리가 이 땅에서 살아야 하는 존재 이유(存在理由, the reason of being)입니다. 그러니 우리가 사소한 일로 사단 마귀에게 복음 전파의 훼방 거리를 줘서는 안 됩니다.

예수님께서는 당신의 제자들에게 **"너희는 세상의 빛이라"**라고 말씀하셨습니다. 그런데 오늘날 기독교가 **"세상의 빛"**이 되기는커녕 비난의 대상이 되고 있지 않습니까? 우리 정부가 종교인 과세 법을 시행하기로 했습니다. 오늘날의 사회구조 속에서는 돈을 많이 버는 종교인들은 세금을 내는 것이 마땅합니다. 목사나 신부나 승려들은 국민이 아닙니까? 자기들도 국가의 모든 혜택을 받지 않습니까? 그런데 종교인 과세 법안이 국회를 통과했는데도 개신교 목사들이 그 법안의 시행을 제일 반대했습니다. 대형교회 담임목사님들은 년간 사례비가 억대입니다. 당회(堂會)는 공식적인 사례비 외에 사택 유지비, 차량 관리비, 도서비, 판공비, 자녀 교육비 등 수많은 명분을 만들어서 목사들의 사례비를 해마다 파격적으로 높여주고 있습니다.

개신교회들이 세속주의에 빠져서 예배당을 크게 짓고 사회의 유명인사나 연예인들을 출연시키는 간증 모임을 엽니다. 세상적인 방법으로라도 교인들을 긁어모으겠다는 것이 대형교회의 사업 전략입니다. 이계선 목사님이 쓰신 『대형교회가 망해야 한국교회가 산다』(이계선 저, 2009)라는 책이 있습니다. 이계선 목사님은 이 책에서 기업형 대형교회가 하나 생기면 그 지역의 소형교회 300개가 문을 닫는다고 주장했습니다. 이 노목사(老牧師)님의 올곧은 책망에 한국교회는 귀를 기울여야 할 것입니다. 대형교회의 담임목사들은 엄청난 기업형 교회를 이뤄서 자기 자식에게 물려줍니다. 최근에도 서울 강동구의 명○교회의 김○환 목사가 아들인 김○○목사에게 교회의 담임 목사직을 세습해서 큰 물의를 일으켰습니다. 이런 행태는 우리나라 재벌들이 자식에게 편법으로 기업을 상속시키는 짓거리와 다를 것이 없습니다. 그런 짓들이 모두 복음 전파의 훼방 거리입니다. 그래서 세상 사람들이 기독교를 "개독교"라고 비난해도 오늘날의 기독교인들은 아무 할 말이 없습니다. 또한 우리는 어떤 목사가 여신도를 성폭행했다는 기사를 자주 접합니다. 이제는 그런 사건이 뉴스거리도 안될 정도입니다. 그런 짓들이 다 복음 전파의 훼방 거리입니다. **"형제들아 너희가 자유를 위하여 부르심을 입었으나 그러나 그 자유로 육체의 기회를 삼지 말고 오직 사랑으로 서로 종노릇하라"**(갈 5:13)고 말씀하셨습니다. 우리가 죄 사함을 받아서 의문(儀文)에 속한 율법으로부터는 해방되었지만, 우리의 자유로움 때문에 다른 영혼들이 시험에 들지 않도록 주의해야 합니다.

사도 바울을 본(本)받자

"우리가 이 직책이 훼방을 받지 않게 하려고 무엇에든지 아무에게도 거리끼지 않게 하고 오직 모든 일에 하나님의 일군으로 자천하여 많이 견디는 것과 환난과 궁핍과 곤난과 매 맞음과 갇힘과 요란한 것과 수고로움과 자지 못함과 먹지 못함과 깨끗함과 지식과 오래 참음과 자비함과 성령의 감화와 거짓이 없는 사랑과 진리의 말씀과 하나님의 능력 안에 있어 의의 병기로 좌우하고 영광과 욕됨으로 말미암으며 악한 이름과 아름다운 이름으로 말미암으며 속이는 자 같으나 참되고 무명한 자 같으나 유명한 자요 죽은 자 같으나 보라 우리가 살고 징계를 받는 자 같으나 죽임을 당하지 아니하고 근심하는 자 같으나 항상 기뻐하고 가난한 자 같으나 많은 사람을 부요하게 하고 아무 것도 없는 자 같으나 모든 것을 가진 자로다"(고후 6:3-10).

이방인의 사도인 바울은 **"우리가 이 직책이 훼방을 받지 않게 하려고 무엇에든지 아무에게도 거리끼지 않게 하고"**라고 말씀합니다. 거듭난 종들은 주 안에 있는 모든 일에 자유를 누릴 수 있지만, 자기의 자유함이 다른 사람들에게 큰 시험 거리가 될 수 있기에 모든 일에 절제를 합니다. 사도 바울은 믿음으로 말미암는 자유를 누리는 이였기에, 그는 우상에게 바쳤던 고기도 얼마든지 먹을 수 있었습니다. 복음의 진리 안에 있는 자들이 우상에게 바쳤던 고기를 먹은들 그것이 무슨 죄가 됩니까? 그것은 죄가 아닙니다. 그런데 아직 율법에 묶여 있는 자들이 그런 장면을 본다면 그것이 훼방 거리가 되어서 그들에게 복음을 전할 길도 막힙니다. 그래서 사도 바울은 진정 자유인이었지만 그 자유가 복음 전파의 훼방 거리가 되지 않도록 모든 일에 절제했습니다.

"그런즉 내 상이 무엇이냐 내가 복음을 전할 때에 값 없이 전하고 복음으로 인하여 내게 있는 권을 다 쓰지 아니하는 이것이로라 내가 모든 사람에게 자유하였으나 스스로 모든 사람에게 종이 된 것은 더 많은 사람을 얻고자 함이라 유대인들에게는 내가 유대인과 같이 된 것은 유대인들을 얻고자 함이요 율법 아래 있는 자들에게는 내가 율법 아래 있지 아니하나 율법 아래 있는 자 같이 된 것은 율법 아래 있는 자들을 얻고자 함이요 율법 없는 자에게는 내가 하나님께는 율법 없는 자가 아니요 도리어 그리스도의 율법 아래 있는 자나 율법 없는 자와 같이 된 것은 율법 없는 자들을 얻고자 함이라 약한 자들에게는 내가 약한 자와 같이 된 것은 약한 자들을 얻고자 함이요 여러 사람에게 내가 여러 모양이 된 것은 아무쪼록 몇몇 사람들을 구원코자 함이니 내가 복음을 위하여 모든 것을 행함은 복음에 참예하고자 함이라"(고전 9:18-23).

한 영혼이라도 더 구원하기 위해서 사도 바울은 **"여러 모양"**이 되었습니다. 그것이 충성스러운 종의 마음입니다. **"모세 율법에 곡식을 밟아 떠는 소에게 망을 씌우지 말라 기록하였으니 하나님께서 어찌 소들을 위하여 염려하심이냐"**(고전 9:9)라고 사도 바울은 지적함으로써, 자기가 고린도 교인들에게 신령한 말씀을 전해 주었으니 육신의 것을 취하는 것이 마땅하다고 주장했습니다. 그러나 바울은 그런 권한을 쓰지 아니하고 밤잠도 자지 못하고 천막을 짜서 번 돈으로 자기와 동역자들의 생활비를 충당했습니다. 그래서 사역자들이 스스로 번 돈으로 복음을 전파하는 선교 방식을 "자비량(自費糧) 선교"(Tent-making Mission)라고 부릅니다.

저는 사도 바울의 선교 방식을 좇습니다. 저도 세상 교회와 같이 온갖 수단과 방법을 동원해서 교인들의 숫자를 불리고 헌금이 많이 나오도록 사기를 치면 많은 사례비를 받으면서 떵떵거리며 살 수도 있겠지만, 저는 절대로 그럴 마음이 없습니다. 저는 일생동안 한 번도 교회로부터 사례비를 받아서 생활한 적이 없습니다. 그것이 결코 저의 자랑거리는 아닙니다. 다만 복음 전파의 훼방 거리가 되지 않으려던 사도 바울의 믿음은 하나님 앞에서 바르다고 저는 믿습니다. 복음의 사역자들도 사도 바울처럼 얼마든지 생업에 종사해서 자기의 생활을 감당하면서도 복음을 전파할 수 있는데, 왜 멀쩡한 사람들이 교인들이 등골 빠지게 일해서 바친 헌금이나 축내고 있느냐는 것입니다. 교인들이 헌금한 돈은 복음 전파의 일에 전적으로 쓰인다면 하나님께서 얼마나 기뻐하시겠습니까?

사도 바울은 복음 전파의 훼방 거리가 되지 않으려고 자비량(自費糧)하면서 복음을 전했습니다. 그는 한 사람이라도 더 구원하기 위해서 자기는 어떤 모양이 되어도 개의치 않았습니다. 목사들이 그렇게는 못할지라도 사단 마귀가 복음을 훼방하도록 빌미를 주지는 말아야 합니다. 여러분들 중에 믿지 않는 이들이 보면 비난 받을 만한 모습이 있습니까? 사도 바울은 "**그런즉 너희가 먹든지 마시든지 무엇을 하든지 다 하나님의 영광을 위하여 하라**"(고전 10:31)고도 말씀하셨습니다. 먹든지, 마시든지, 기타 무엇을 하든지 그것이 하나님의 복음을 전파하는데 유익이 되겠는가? 아니면 훼방 거리가 되겠는가?—우리는 이것을 스스로 잘 판단하고 하나님께서 우리에게 맡기신 복음 전파의 직책들을 잘 섬겨야 되겠습니다. 그래서 하나님의 종들은 모든 일에 절제를 합니다. "**이기기를 다투는 자마다 모든 일에 절제하나니 저희는 썩을 면류관을 얻고자 하되 우리는 썩지 아니할 것을 얻고자 하노라**"(고전 9:25)고 하하나님의 종 사도 바울은 권면하셨습니다.
　말씀을 마쳤습니다.

연약하고 부족한 자를
구원하시는 주님

"그 때에 제자들이 예수께 나아와 가로되 천국에서는 누가 크니이까

예수께서 한 어린 아이를 불러 저희 가운데 세우시고

가라사대 진실로 너희에게 이르노니 너희가 돌이켜 어린 아이들과 같이 되지 아니하면 결단코 천국에 들어가지 못하리라

그러므로 누구든지 이 어린 아이와 같이 자기를 낮추는 그이가 천국에서 큰 자니라

또 누구든지 내 이름으로 이런 어린 아이 하나를 영접하면 곧 나를 영접함이니

누구든지 나를 믿는 이 소자 중 하나를 실족케 하면 차라리 연자 맷돌을 그 목에 달리우고 깊은 바다에 빠뜨리우는 것이 나으니라

실족케 하는 일들이 있음을 인하여 세상에 화가 있도다 실족케 하는 일이 없을 수는 없으나 실족케 하는 그 사람에게는 화가 있도다

만일 네 손이나 네 발이 너를 범죄케 하거든 찍어 내버리라 불구자나 절뚝발이로 영생에 들어가는 것이 두 손과 두 발을 가지고 영원한 불에 던지우는 것보다 나으니라

만일 네 눈이 너를 범죄케 하거든 빼어 내버리라 한 눈으로 영생에 들어가는 것이 두 눈을 가지고 지옥 불에 던지우는 것보다 나으니라

삼가 이 소자 중에 하나도 업신여기지 말라 너희에게 말하노니 저희 천사들이 하늘에서 하늘에 계신 내 아버지의 얼굴을 항상 뵈옵느니라"(마 18:1-10).

여러분, 우리가 살아간다는 것이 그렇게 녹록하지 않습니다. 저는 거의 날마다 바닷가 길로 산책을 하는데, 잔잔한 바다는 보기 어렵고 바다에는 늘 크고 작은 파도가 입니다. 우리가 평안하게 지낼 때는 거의 없고 늘 크고 작은 어려움을 짊어지고 살아가고 있습니다. "인생은 고해(苦海)"라는 말이 실감납니다.

그래도 성경은 **"내 형제들아 너희가 여러 가지 시험을 만나거든 온전히 기쁘게 여기라"**(약 1:2)고 말씀합니다. 여러분들도 지금 많은 어려움들을 겪고 있을 것입니다. 그러나 아무것도 염려하지 말고 오직 믿음으로 기도하십시오. 날마다 숨쉬는 순간마다 우리는 그렇게 많은 어려운 일들을 겪지만 그로 말미암아 하나님께서 역사하시고 응답하시는 일들을 더 많이 경험하게 됩니다. **"너희는 먼저 그 나라와 그 의를 구하라 그리하면 이 모든 것을 너희에게 더하시리라"**(마 6:33)고 말씀하셨는데, 우리의 마음 중심이 하나님의 복음을 섬기려는 뜻을 정했다고 하면, 하나님께서 우리의 기도를 다 들어주신다고 저는 확신합니다. 어려움을 겪을 때 자기의 능력만 의지하고 사람들의 도움만 바라면 아무 유익이 없습니다. 그런데 하나님께 기도하고 하나님의 도움을 바라면 다 해결됩니다.

하나님께서는 의인의 간구를 들으십니다. 저는 지금으로부터 만 7년 전에 중고 승합차에 옷가지와 이불 한 채를 싣고서 제주에 내려왔습니다. 당시에 제 나이 육십이 다 되었는데, 제가 아내와 단 둘이 아는 이도 없는 이곳 제주에 내려와서 겪은 어려움은 이루말로 다할 수가 없습니다. 저는 고혈압도 있었고 온몸의 인대(靭帶)도 다 늘어져서 힘쓰는 일을 할 수도 없었습니다. 그런데 하나님께서는 모든 어려움들을 믿음으로 뛰어넘게 하셨고 제 눈에서 눈물을 닦아 주셨습니다. 하나님께서 제게 베푸신 은혜와 놀라운 간증들은 다 말씀드릴 수 없을 정도로 많습니다. 저는 여러 가지 어려움을 겪으면서 영육간에 많은 축복을 받았습니다. 무엇보다도 "하나님께서는 아브라함의 믿음을 좇는 당신의 백성들을 결코 외면하지 않으시고 한 걸음 한 걸음 인도하신다"라는 확신을 저는 얻게 되었습니다. 하나님께서 하나님의 말씀을 따라간 아브라함에게 영육간에 복을 주셨듯이, 저와 여러분도 믿음으로 하나님을 기쁘시게 하는 자가 된다면 아브라함과 동일한 축복을 받는다고 저는 확신합니다.

자기를 높이는 자는 천국에 들어가지 못합니다

"그때에 제자들이 예수께 나아와 가로되 천국에서는 누가 크니이까 예수께서 한 어린 아이를 불러 저희 가운데 세우시고 가라사대 진실로 너희에게 이르노니 너희가 돌이켜 어린아이들과 같이 되지 아니하면 결단코 천국에 들어가지 못하리라 그러므로 누구든지 이 어린아이와 같이 자기를 낮추는 그이가 천국에서 큰 자니라" (마 18:1-4).

사람에게는 천국 영생이 가장 귀중합니다. "사람이 만일 온 천하를 얻고도 제 목숨을 잃으면 무엇이 유익하리요 사람이 무엇을 주고 제 목숨을 바꾸겠느냐"(마 16:26)라고 주님은 말씀하셨습니다. 우리가 이 땅에서 부와 명예와 권세를 누린들 죽어서 천국에 들어가지 못한다면 우리의 인생은 완전 실패입니다. 그런데도 대부분의 사람들은 눈에 보이는 것들, 즉 돈과 명예와 권력을 좇아서 살다가 허망하게 죽습니다. 그러한 죄인들은 영원한 지옥 불에 떨어져서 세세토록 불과 유황으로 타는 못에서 고통을 받을 것입니다. 그래서 주님은 "만일 네 눈이 너를 범죄케 하거든 **빼어 내버리라 한 눈으로 영생에 들어가는 것이 두 눈을 가지고 지옥 불에 던지우는 것보다 나으니라**"(마 18:9)고 말씀하셨습니다.

사단 마귀는 "**육신의 정욕과 안목의 정욕과 이생의 자랑**"(요일 2:16)을 통해서 사람들을 유혹합니다. 그중에서도 "**안목의 정욕**"(the lust of the eyes)은 대단한 욕망입니다. 눈으로 어떤 좋은 것을 보면 우리 마음에는 그것을 소유하고 싶은 욕망이 일어납니다. 우리는 본 것에 의지해서 판단을 하고 자기가 본 것을 믿습니다. 현실의 세계는 "보이는 세계," 즉 "**안목의 정욕**"(the lust of the eyes)의 세계입니다. 그리고 사람은 "**안목의 정욕**"(the lust of the eyes) 때문에 보이는 세계만을 쫓아가게 되어 있습니다.

그런데 보이는 세계가 영원합니까? 아무리 좋은 것을 먹어도 몇 시간 뒤에는 다 똑같이 화장실에 버려집니다. 아무리 좋은 집에 살고 좋은 차를 타고 다닌들 자기 혼자 우쭐대는 것이지 하나님의 눈에는 한심한 것입니다. 이 땅에서는 이렇게 사나 저렇게 사나 수명이 다하면 누구나 다 죽습니다. 그래서 영적인 사람은 육신의 눈에는 보이지 않지만 **영원한 천국**을 바라보고 사모합니다. "**우리의 돌아보는 것은 보이는 것이 아니요 보이지 않는 것이니 보이는 것은 잠간이요 보이지 않는 것은 영원함이니라**"(고후 4:18)고 말씀하셨습니다.

하나님께서는 누구든지 하나님의 복음 말씀을 믿으면 "**죄 사함**

으로 말미암는 구원"(눅 1:77)을 받고 존귀한 하나님의 자녀가 되어 천국의 영생을 얻게 하셨습니다. 그러나 영적인 세계를 믿지 않는 사람들에게는 보이는 세계가 전부입니다. 그들에게는 내세(來世)나 영생(永生)이 관심 밖의 주제입니다. 하나님께서는 모든 사람들이 당신의 자녀가 되어서 천국 영생의 권세와 영광을 누리도록 해 주셨는데, 육신적인 사람들은 그 귀한 은총을 찾지도 않고 바라지도 않으면서 오직 눈에 보이는 돈과 명예와 권력만 쫓다가 지옥에 가는 것입니다. **"존귀에 처하나 깨닫지 못하는 자는 멸망하는 짐승과 같도다"**(시 49:20)라는 말씀대로, 그런 사람은 도살장으로 끌려가면서도 즐겁게 풀을 뜯어 먹는 돼지와 다를 바가 없습니다.

저는 초등학교 때에 돼지를 여러 마리 키워 보았습니다. 아버님이 장에서 새끼 돼지를 사 오시면 제가 당번이 되어 그놈을 키웠습니다. 그 돼지가 다 크면 아버님과 함께 도살장으로 돼지를 몰고 갔습니다. 돼지는 명아주라는 풀을 아주 좋아하는데, 자기가 지금 죽으러 가는 줄도 모르고 돼지는 도살장으로 가는 도중에도 둑길에 자라난 명아주를 계속 뜯어 먹곤 했습니다. 돼지가 명아주 풀을 뜯어 먹느라고 정신이 팔려 있는 동안에 어느새 도살장에 도착해서 철문이 철컥 잠기면, 돼지의 외마디 비명과 함께 핏물이 도살장 밖으로 흘러나왔던 기억이 납니다. **"존귀에 처하나 깨닫지 못하는 자는 멸망하는 짐승과 같도다"**(시 49:20)라는 말씀을 우리는 유념해야 합니다. 눈에 보이는 세계만 좇는 육신적인 사람은 멸망하는 돼지와 다를 바가 없습니다.

자기의 악함과 부족함을 인정해야

우리가 어린아이와 같이 자기를 낮추는 심령이 되지 않고서는 결단코 천국에 들어갈 수 없습니다. 여러분은 하나님 앞에서 유구무언(有口無言)의 심령이 되어 있습니까? 아니면 여러분은 하나님 앞에서 여전히 내세울 것이 많고 할 말이 많은 자입니까? 자기의 잘난 것과 옳은 것이 많은 사람은 진리의 복음을 믿는다고 고백을 해도 모든 죄가 흰 눈같이 씻어지는 구원의 은총을 입지 못합니다. 따라서 성령님께서 그런 사람의 마음에는 임하실 수도 없습니다. 자기가 얼마나 악하며 부족하며 연약한지를 모르는 사람은 복음을 좔좔 외우고 구원 간증을 잘하더라도 **"죄 사함으로 말미암는 구원"**(눅 1:77)의 역사가 그의 마음에 이루어지지를 않습니다.

어린아이와 같은 심령이 되려면 우리는 먼저 자기 자신이 얼마나 악한지, 부족한지, 그리고 연약한지를 깨닫고 인정해야 합니다.

첫째, 우리는 추악한 존재입니다. 우리는 마음에 죄악을 장착(裝着)하고 태어났기 때문에 우리에게서는 죄악의 열매밖에는 맺힐 수가 없습니다. 우리는 근본 **"행악의 종자"**(사 1:4)입니다. 추악한 우리의 본성은 이기심과 교만으로 가득 차 있습니다. 우리는 참으로 이기적인 존재들입니다. "남의 심장 곪는 것보다 내 손톱 밑의 가시가 더 아프다"라는 속담이 있습니다. 그렇지 않습니까? 우리는 또한 교만합니다. 누가 자기를 무시하면 분노가 치밀어 올라와서 화를 삭일 수 없습니다. 누가 갑자기 자기의 차선에 끼어들었다고 쫓아가서 폭행을 하거나 살인을 한 사건들도 일어납니다. 그런데 더 가증한 것은, 우리가 우리의 악한 본성을 숨기려고 위선의 탈을 쓰고 살아간다는 사실입니다.

또한 우리는 연약합니다. 눈길을 걷다가 미끄러져서 뇌진탕으로 죽는 사람도 있고 눈에 보이지도 않는 세균에 감염되어서 패혈증으로 죽는 이도 있습니다. 헤엄을 치지 못하는 사람이 물에 빠지면 허우적거리다가 몇 분도 안돼서 죽습니다. 끝으로 우리는 부족합니다. 우리는 별로 능력이 없습니다. 우리는 힘이나 지능이 별로 없습니다. 얼마 전에 진환 형제의 친구가 과로사(過勞死)로 유명을 달리했습니다. 그의 나이가 30대 중반이면 한창 때인데, 그 친구는 계속된 출장과 야근에 지쳐서 잠을 자다가 돌연사(突然死)를 했다고 합니다.

우리는 모두 악하고 부족하고 연약합니다. 자기가 그런 존재라는 사실을 시인하고 하나님 앞에서 **"어린아이와 같이 자기를 낮추는"** 자들이 **"물과 피의 복음"**을 감사함으로 믿어서 죄 사함을 받습니다. "하나님, 저는 지옥에 가야 마땅한 자입니다. 저는 주님 앞에 아무것도 내세울 것이 없습니다. 하나님, 저를 불쌍히 여겨 주십시오" 하고 고백하는 사람이 **"어린아이와 같이 자기를 낮추는"** 자이며 그런 자들이 주님을 만납니다. 주님은 그렇게 상하고 정직한 심령들을 만나 주셔서, "그래 내가 세례 요한에게 세례를 받음으로 너희의 모든 죄와 연약과 부족을 다 담당했다. 그리고 내가 십자가에 못 박혀서 너희의 모든 죄와 연약의 대가를 다 지불해 놓았다. 네가 아무리 악하고 부족하고 연약할지라도 이제 너는 나의 복음 안에서 완전하다"라고 선포하십니다. 하나님 앞에서 아무 할 말이 없는 자라야 하나님께로부터 구원의 은총을 입게 됩니다

실족하게 하는 자란?

"또 누구든지 내 이름으로 이런 어린 아이 하나를 영접하면 곧 나를 영접함이니 누구든지 나를 믿는 이 소자 중 하나를 실족케 하면 차라리 연자 맷돌을 그 목에 달리우고 깊은 바다에 빠뜨리우는 것이 나으니라 실족케 하는 일들이 있음을 인하여 세상에 화가 있도다 실족케 하는 일이 없을 수는 없으나 실족케 하는 그 사람에게는 화가 있도다"(마 18:5-7).

주님께서 "**화(禍)가 있다**"라고 말씀하신 것은 "**지옥에 간다**"라는 경고의 말씀입니다. 또 "**나를 믿는 이 소자**"란 자기의 악함이나 부족함을 인정하고 거듭난 의인을 지칭합니다. 또 "**실족(失足)케 한다**"라는 말씀은 "어떤 사람을 진리의 복음을 믿는 믿음에서 떨어지게 하는 죄"를 의미합니다. 실족케 하는 죄를 짓는 자는 반드시 지옥의 심판을 받게 됩니다. 그런데 소위 하나님의 종이라고 자칭(自稱)하는 자들이 실족케 하는 죄를 많이 짓습니다. 그들은 진리의 복음을 알지 못해서 거듭나지 못한 거짓 선지자들입니다. 성경은 그런 자들을 영적 소경이라고 부르며, 주님은 "**저희는 소경이 되어 소경을 인도하는 자로다 만일 소경이 소경을 인도하면 둘이 다 구덩이에 빠지리라**"(마 15:14)고 말씀하셨습니다. 구약성경에는 그들의 행사에 대해서, "너희가 두어 웅큼 보리와 두어 조각 떡을 위하여 나를 내 백성 가운데서 욕되게 하여 거짓말을 곧이 듣는 내 백성에게 너희가 거짓말을 지어서 죽지 아니할 영혼을 죽이고 살지 못할 영혼을 살리는도다"(겔 13:19)라고 기록하고 있습니다. "죽지 아니할 영혼을 죽이는 일"이 바로 실족(失足)케 하는 죄인데, 그런 자들은 자기가 하나님 종이라고 허세를 부리면서, 영혼들이 죄 때문에 괴로워하면서 구원의 길을 찾아 나올 때에 그들에게 진리의 복음을 전해 주지는 못하고 오직 돈만 탐하는 삯꾼 목사들입니다. 그런 자는 모두 지옥에 갑니다.

진리의 원형복음(原形福音)은 예수 그리스도께서 "물과 피로 임"(요일 5:6)하셔서 우리의 모든 죄를 온전히 없애 주셨다고 선포합니다. 예수님께서는 인류의 대표자인 세례 요한에게 안수의 형식으로 세례를 받으셔서 세상 죄를 단번에 담당하시고, 십자가에 못 박혀서 "다 이루었다"(요 19:30)라고 외치시고 돌아가시기까지 세상 죄를 대속(代贖)해 주셨습니다. 그런데 오늘날의 기독교에는 예수님의 세례의 비밀을 몰라서 거듭나지도 못한 죄인 목사들이 가득합니다. 그런데 참으로 안타까운 것은, 그런 자들 밑에서 말씀을 배우고 예배를 드리는 자들 중에는 어린아이같이 자기를 낮추는 자들, 즉 "**죽지 아니할 영혼들**"도 많다는 사실입니다. 우리가 진리의 복음을 전해 주기만 하면 그렇게 심령이 가난한 자들, 즉 "**죽지 아니할 영혼들**"은 능히 살 수 있습니다. 그러나 삯꾼 목사들은 "**죽지 아니할 영혼을 죽이고**" 오히려 "**살지 못할 영혼들**"을 살립니다. 그런 거짓 목사들은 자기의 의가 충만하고 재산이 많고 세상에서도 출세한 자들을 높입니다. 그래서 자기가 악하고 부족하다고 시인하며 어린아이와 같은 심령으로 하나님의 은혜를 갈구하는 "**영적 소자**"들은 설 자리가 없는 곳이 오늘날의 기독교입니다.

사망(지옥)에 이르는 죄

"만일 네 손이나 네 발이 너를 범죄케 하거든 찍어 내버리라 불구자나 절뚝발이로 영생에 들어가는 것이 두 손과 두 발을 가지고 영원한불에 던지우는 것보다 나으니라 만일 네 눈이 너를 범죄케 하거든 **빼어 내버리라** 한 눈으로 영생에 들어가는 것이 두 눈을 가지고 지옥 불에 던지우는 것보다 나으니라"(마 18:8-9).

이슬람교에서는 도둑질한 자의 손을 잘라 버립니다. 우리가 만일 죄를 지을 때마다 죄를 지은 우리의 지체(肢體)를 잘라 버린다면 우리 몸에서 남아날 것이 있겠습니까? 우리는 손으로 죄를 많이 짓습니다. 제가 어렸을 때에는 노름에 빠져서 패가망신한 사람이 많았습니다. 어떤 사람은 자기의 딸이나 마누라도 팔아서 그 돈으로 노름을 하기도 했습니다. 그렇게 비참하게 된 어떤 사람은 "다시는 도박을 않겠다"라고 자기 손을 도끼로 잘라 버렸답니다. 그 사람이 한동안 노름을 안 하더니 다시 도박중독증이 발동해서 왼손으로 화투를 쳤답니다. 그가 또 모든 것을 잃고 나서는 왼손도 잘라 버렸답니다. 그런데 다시 시간이 지나서는 그 사람은 발가락으로 화투를 쳤답니다. 좀 과장된 이야기겠지만 그렇게 무서운 것이 도박입니다. 죄를 짓는 지체(肢體)를 잘라 버린다고 죄를 짓지 않습니까? 죄는 타락된 마음에서부터 나오는 것입니다.

우리는 눈으로 죄를 짓고 생각(머리)으로 죄를 짓고 또 몸통으로도 죄를 짓습니다. 그런데 만일 우리가 죄를 짓는다고 어떤 신체 부위를 잘라 버린다고 하면 우리 몸에서 남을 부분이 있겠습니까? **"만일 네 눈이 너를 범죄케 하거든 빼어 내버리라 한 눈으로 영생에 들어가는 것이 두 눈을 가지고 지옥 불에 던지우는 것보다 나으니라**"라는 말씀은 "죄가 있으면 지옥에 떨어진다"라는 경고의 말씀입니다. 이 시대에는 죄를 죄로 여기지 않는 사람들이 많습니다. 그러나 **"죄의 삯은 사망"**(롬 6:23)입니다. 공의하신 하나님은 죄인을 반드시 지옥 불에 처넣습니다.

그렇다면 죄를 짓지 않는 사람이 어데 있으며, 지옥의 심판을 면할 사람이 어데 있겠습니까? 그러나 우리의 육신이 부족하고 연약해서 짓는 모든 죄는 예수님께서 **"물과 피의 복음"**으로 이미 다 없애 주셨습니다. 따라서 **"사람을 지옥에 가게 하는 범죄"**란 우리가 연약하고 부족해서 짓는 범죄를 의미하지 않습니다. **"사람을 지옥에 가게 하는 범죄"**란 **"사망에 이르는 죄"**(요일 5:16)를 말합니다. 이것은 우리를 모든 죄에서 온전히 구원하신 진리인 **"물과 피의 복음"**을 부인하는 죄입니다. 우리의 육신이 부족하고 연약해서 짓는 모든 허물의 죄는 예수님께서 **"물과 피의 복음"**으로 이미 다 없애 주셨습니다. 그러나 주님은 **"한번 비췸을 얻고 하늘의 은사를 맛보고 성령에 참예한바 되고 하나님의 선한 말씀과 내세의 능력을 맛보고 타락한 자들은 다시 새롭게 하여 회개케 할 수 없나니 이는 자기가 하나님의 아들을 다시 십자가에 못 박아 현저히 욕을 보임이라"**(히 6:4-6)고 경고하셨습니다. 진리의 원형복음을 믿었다가 이 진리의 복음을 부인하고 배반한 죄는 다시는 사함을 받을 수 없는 무서운 죄이며, 그 죄가 바로 **"사망에 이르는 죄"**(요일 5:16)입니다. 온전한 진리의 사랑을 거부한 자들에 대해서 그만큼 하나님의 심판은 준엄합니다.

주님은 **"누구든지 형제가 사망에 이르지 아니한 죄 범하는 것을 보거든 구하라 그러면 사망에 이르지 아니하는 범죄자들을 위하여 저에게 생명을 주시리라 사망에 이르는 죄가 있으니 이에 대하여 나는 구하라 하지 않노라"**(요일 5:16)고 말씀하셨습니다. 사람이 연약해서 짓는 죄는 이미 주님께서 다 없애 놓으셨기 때문에 우리가 우리의 잘못을 시인하고 돌이키면 됩니다. 그런데 **"사망에 이르는 죄"**(요일 5:16), 즉 하나님께로부터 결코 용서를 받지 못하고 지옥에 가야 하는 죄가 있습니다. 그것은 바로 진리의 원형복음을 믿었다가 부인하고 훼방하는 죄입니다. **"물과 피의 복음"**이 진리인 줄 다 알면서도 복음을 부인하고 훼방하는 죄만은 하나님께서도 절대로 용서하시지 않습니다. 하나님께서는 한없이 관대하고 자비하시지만 진리의 복음을 훼방한 자들에게는 엄격한 판결을 내리시는 분입니다.

오늘의 본문에서 **"사람을 지옥에 가게 하는 범죄"**란 바로 **"사망에 이르는 죄"**를 의미합니다. 우리가 진리의 복음을 부인하거나 다른 이들을 잘못 인도해서 진리의 믿음에서 실족(失足)하게 하는 죄를 범하지 말라고 주님께서는 경고하십니다.

말씀을 마쳤습니다.

자기의 의를 잃어버린 자를 구원하시는 주님

"너희 생각에는 어떻겠느뇨 만일 어떤 사람이 양 일백 마리가 있는데 그 중에 하나가 길을 잃었으면 그 아흔 아홉 마리를 산에 두고 가서 길 잃은 양을 찾지 않겠느냐

진실로 너희에게 이르노니 만일 찾으면 길을 잃지 아니한 아흔 아홉 마리보다 이것을 더 기뻐하리라

이와 같이 이 소자 중에 하나라도 잃어지는 것은 하늘에 계신 너희 아버지의 뜻이 아니니라"(마 18:12-14).

주님께서 "이와 같이 이 소자 중에 하나라도 잃어지는 것은 하늘에 계신 너희 아버지의 뜻이 아니니라"(마 18:14)고 말씀하셨습니다. 자기가 의롭고 잘난 줄 착각하는 큰 자들은 하나님의 의로 말미암는 구원을 받지 못합니다. 소자(小子), 즉 자기의 부족과 연약을 아는 자라야 하나님의 은총을 깨닫고 구원을 받습니다. "하나님은 자기의 의를 내세울 것 없는 작은 자를 구원하신다"—이것이 구원의 비밀입니다. 이 구원의 비밀은 성경 전체를 관통하는 하나님의 메시지입니다.

야곱과 에서—이 두 사람이 아직 어머니 리브가의 뱃속에 있을 때에, 하나님께서는 "두 국민이 네 태중에 있구나 두 민족이 네 복중에서부터 나누이리라 이 족속이 저 족속보다 강하겠고 큰 자는 어린 자를 섬기리라"(창 25:23)고 말씀하셨습니다. 리브가의 뱃속에 있는 쌍둥이 형제가 아직 태어나기도 전에, 그들이 아직 무슨

선이나 악을 행하기도 전에, 하나님께서는 **"내가 야곱은 사랑하고 에서는 미워하였다"**(롬 9:13)라고 말씀하셨습니다. 얼핏 잘못 생각하면, 이 말씀은 "하나님께서는 구원을 받을 자와 심판을 받을 자, 축복을 받을 자와 저주를 받을 자를 일방적으로 미리 정하셨다"라고 오해할 만한 부분입니다. 그런 오해로 인해서 하나님의 구원의 비밀을 전혀 몰랐던 장 칼뱅(Jean Calvin) 같은 사람은 "무조건적 선택"(Unconditional Election)이라는 예정설의 교리를 만들어서 많은 사람들을 오도(誤導)했습니다. 거듭나지 못한 자들은 영적 소경들입니다. 그들은 하나님의 뜻을 몰라서 그런 오류를 범할 수밖에 없습니다.

"하나님은 모든 사람이 구원을 받으며 진리를 아는데 이르기를 원하시느니라"(딤전 2:4)고 말씀하셨습니다. 그리고 누구든지 **"죄 사함으로 말미암는 구원"**(눅 1:77)을 받게 하기 위해서 하나님 아버지께서는 당신의 외아들을 구원자(메시아)로 보내 주셨습니다. 육신을 입고 오신 하나님의 아들, 예수 그리스도는 **"물과 피로 임"**(요일 5:6)하셔서 우리의 모든 죄를 흰 눈같이 깨끗하게 없애 주셨습니다. 인류의 대표자인 세례 요한에게 안수의 형식으로 받으신 세례로 예수님께서는 세상 죄를 단번에 담당하셨습니다. 예수님은 이제 **"세상 죄를 지고 가는 하나님의 어린양"**(요 1:29)이 되셔서 십자가로 가셨고, 십자가에 못 박혀서 **"다 이루었다"**(요 19:30)라고 외치며 돌아가셨습니다. 예수님께서 육신으로 이 땅에 임하셔서 하나님의 **"모든 의"**를 이루셨습니다. 이제 누구든지 하나님의 아들이신 예수님께서 **"물과 피로 임"**(요일 5:6)하셔서 이루신 **"하나님의 의"**(롬 1:17)를 믿으면 죄 사함을 받고 의인(義人)으로 거듭납니다.

오직 믿음으로 구원을 받는 자는 어떤 심령인가?

하나님께서는 누구든지 "물과 피로 임"(요일 5:6)하신 예수님을 믿으면 다 구원을 받도록 "하나님의 의"(롬 1:17)를 완성해 주셨습니다. 그런데 어떤 사람이 구원의 은총을 입습니까? 자기가 악하고 부족한 존재인지를 깨닫고 자기는 지옥 갈 수밖에 없는 자라고 시인하는 자입니다. 자기 부족과 연약을 아는 자가 바로 "야곱의 족속"이며 소자(小子)입니다. 그리고 소자들만이 천국에 들어갈 수 있습니다.

그런데 대부분의 사람들은 자기가 지옥에 가야 할 죄인이라고 인정하지 않습니다. 사람들은 대체로 자기가 매우 의롭다고 생각합니다. 복음서에 등장하는 바리새인들이 그런 부류입니다. 바리새인 (the Pharisees)은 율법주의자(律法主義者)들입니다. 그들은 사람이 율법을 잘 지켜야 하나님의 나라에 들어간다고 믿으며 자기들이 율법을 잘 지킨다고 자부하는 사람들, 즉 "에서의 족속들"입니다. 어떤 바리새인은 성전에 나와서 기도할 때에도 하늘을 향해서 당당하게 팔을 벌리고, "하나님, 저를 죄인들인 창녀나 세리와 같지 않게 하심을 감사합니다. 저는 일주일에 두 번이나 금식을 하고 십일조는 한 번도 거른 적이 없습니다" 하고 자기의 옳음을 자랑했습니다.

그러나 어떤 세리는 성전에 들어가지도 못하고 멀리 서서 고개도 들지 못하고 자기의 가슴을 치면서, "하나님, 저를 불쌍히 여겨주세요. 저는 지옥에 가야 마땅한 자입니다" 하고 기도했습니다. 예수님께서는 그 장면을 보시고 그 세리가 하나님의 나라에 더 가깝다고 말씀하셨습니다. 그 세리와 같이 자기의 옳음이 없는 자라야 하나님의 의를 믿음으로 죄 사함을 받을 수 있습니다. 자기 의가 많은 사람은 하나님의 의에 목말라하지도 않습니다. 바리새인들은 자기의 의가 충만했기에 하나님의 의에 목마르거나 주리지 않았습니다. 따라서 그들은 예수님께서 완성하셔서 선물로 주시는 하나님의 의를 기뻐하거나 감사하지도 않습니다.

예복 대신에 자기의 옷을 입고 천국 혼인잔치에 들어가려는 자들

예수님께서는 **"천국은 마치 자기 아들을 위하여 혼인 잔치를 베푼 어떤 임금과 같다"**(마 22:2)라는 비유 말씀으로 어떤 사람이 천국 영생에 들어가고 어떤 자가 지옥에 가는지에 대해 가르쳐 주셨습니다. 이스라엘의 혼인잔치에는 주인이 잔치에 온 손님들에게 예복(禮服)을 내어 줍니다. 그런데 임금님이 베푼 잔치 자리에 들어온 손님 중에 예복이 아니라 자기 옷을 입고 앉아 있는 자가 있었습니다. 임금님은 "너는 왜 예복을 입지 않고 여기에 들어왔느냐?"라고 물으셨는데, 그 사람은 아무 할 말이 없었습니다. 임금님은 종들에게 **"그 수족을 결박하여 바깥 어두움에 내어 던지라 거기서 슬피 울며 이를 갈이 있으리라"**(마 22:13)고 명하셨습니다.

이 말씀에서 임금님께서 마련하신 예복은 **"하나님의 의"**(롬 1:17)를 계시하고 자기의 옷은 인간의 의를 계시합니다. 이는 아담이 스스로 만들어 입은 무화과 나뭇잎 옷과 하나님께서 대속(代贖)의 어린양을 희생시켜서 지어 주신 가죽옷의 대비(對比)와 같은 구원의 계시입니다. 자기의 의를 쌓아서 천국에 들어갈 자는 아무도 없습니다. 인간의 의로 말하자면 세례 요한보다 큰 자가 없습니다.

그러나 아무리 부족한 사람이라도 하나님의 의를 옷 입으면, 그의 의는 세례 요한의 의와는 비교할 수 없이 크고 완전한 의입니다. "내가 진실로 너희에게 말하노니 여자가 낳은 자 중에 세례 요한보다 큰이가 일어남이 없도다 그러나 천국에서는 극히 작은 자라도 저보다 크니라"(마 11:11)는 말씀이 바로 그런 뜻입니다.

"너희 생각에는 어떻겠느뇨 만일 어떤 사람이 양 일백 마리가 있는데 그 중에 하나가 길을 잃었으면 그 아흔 아홉 마리를 산에 두고 가서 길 잃은 양을 찾지 않겠느냐"(마 18:12)라는 말씀에서 "길을 잃은 양"은 자기의 의로움을 다 잃어버리고 자기를 구원해 줄 주님을 애타게 찾고 있는 소자(小子)를 의미합니다. "하나님 저를 불쌍히 여겨 주십시오. 저는 지옥에 가야 마땅한 죄인입니다. 주님, 저에게 구원의 은총을 입혀 주십시오" 하고 간구하는 **"심령이 가난한 자"**에게 주님은 하나님의 완전한 의를 입혀 주십니다. 작은 자들, 즉 소자라야 구원을 받습니다. 반대로 바리새인처럼 심령이 부유한 자들, 즉 큰 자들은 구원을 받지 못합니다.

또한 어떤 사람이 진리의 원형복음을 듣고 믿는다고 고백을 했어도 자기의 의가 남아 있다면 진리의 복음이 그 사람의 심령에 역사되지 않습니다. 진리의 복음이 온전히 역사되어서 주님께로부터 **"소자야 네 죄 사함을 받았느니라"**(막 2:5)는 복된 말씀을 들으려면, 먼저 우리의 마음밭이 진정으로 상하고 깨어진 심령이 되어야 합니다. 하나님의 율법 앞에서 심히 죄인으로 드러난 사람이라야 **"물과 피의 복음"**을 생명처럼 귀중히 여기고 믿어서 죄 사함을 받게 됩니다.

죄인 괴수라야 얻는 구원

　여러분은 율법 앞에서 심히 죄인으로 드러난 적이 있습니까? **"그러므로 율법의 행위로 그의 앞에 의롭다 하심을 얻을 육체가 없나니 율법으로는 죄를 깨달음이니라"**(롬 3:20)고 말씀하신 대로, 율법은 죄를 깨달으라고 우리에게 주신 하나님의 선(善)의 기준입니다. 하나님께서 우리에게 요구하시는 수준으로 율법을 지킬 수 있는 사람은 전혀 없습니다. 십계명은 **"간음하지 말찌니라"**라고 말씀하는데, 주님은 **"나는 너희에게 이르노니 여자를 보고 음욕을 품는 자마다 마음에 이미 간음하였느니라"**(마 5:28)고 그 계명을 해석해 주셨습니다. 십계명은 또한 **"살인하지 말찌니라"**라고 말씀하셨는데, 성경은 **"그 형제를 미워하는 자마다 살인하는 자니 살인하는 자마다 영생이 그 속에 거하지 아니하는 것을 너희가 아는 바라"**(요일 3:15)고 말씀합니다. 그러니 우리는 날마다 간음하는 음란한 자들이고 기회만 있으면 살인하는 악독한 자들입니다.
　그런데 대부분의 사람들은 자기의 근본 모습이 얼마나 더럽고 악독한지를 알지 못하기 때문에 바리새인들처럼 자기가 의롭고 잘났다고 자부합니다. 그러나 심령이 정직한 사람은 자기의 의를 잃어버리고 유구무언(有口無言)이 됩니다. 하나님 말씀 앞에서 자기가 어떤 자인지를 정직하게 자문하고 검증해 본다면 누구든지 아무 할 말이 없게 될 것입니다. 하나님 앞에서 자기가 얼마나 악하고 부족한지를 깨달은 자, 그런 자가 바로 **"심령이 가난한 자"**(마 5:3)이며, 자기의 의를 잃어버린 양이며, 소자(小子)입니다. **"길을 잃은 양"**은 **"주여, 저를 불쌍히 여겨 주옵소서"** 하는 말밖에는 아무 할 말이 없습니다.

주님은 "**건강한 자에게는 의원이 쓸데 없고 병든 자에게라야 쓸데 있나니 내가 의인을 부르러 온 것이 아니요 죄인을 불러 회개시키러 왔노라**"(눅 5:31-32)고 말씀하셨습니다. 바리새인들처럼 자기의 의가 충만한 사람은 예수님께서 완성시켜서 선물로 주신 "**하나님의 의**"가 달갑지 않습니다. 목구멍까지 차도록 잔뜩 음식을 먹은 사람에게는 아무리 맛있는 음식을 내놓아도 달갑지 않은 것과 같은 이치입니다. 예수님께서는 바리새인들의 죄뿐만 아니라 전 인류의 죄를 단번에 없애 주셨지만, 어떤 사람이 하나님의 은혜를 감사하며 구원을 받습니까? 자기의 의가 전혀 없는 자들이 구원을 받습니다. 자기의 무화과 나뭇잎 옷이 거덜난 자라야 하나님께서 어린양을 희생해서 만들어 주신 의의 가죽옷을 감사함으로 받아 입을 수 있습니다.

"하나님께서는 자기의 의를 잃어버린 자를 구원하십니다. 주님은 누가복음 15장에서 이 구원의 진리를 세 가지의 비유로 가르쳐 주셨는데, 첫째는 잃었던 양의 비유, 두 번째는 잃었던 은전의 비유, 세 번째는 잃었던 아들의 비유입니다. 그중에서 잃었던 아들의 비유, 즉 소위 "**돌아온 탕자의 비유**"라고 일컫는 말씀을 상고(詳考)해 봅시다.

둘째 아들은 아버지에게 자기의 유산을 미리 달라고 간청해서 자기 몫의 재산을 가지고 세상으로 나갔습니다. 그는 세상에서 허랑방탕한 생활을 하다가 그 재산을 다 탕진했습니다. 인간이 자기 의를 가지고 살아보겠다고 하나님을 떠나면 반드시 자기의 의가 거덜이 나고 자기의 악함과 부족함이 다 드러나게 됩니다. 둘째 아들은 그렇게 자기의 의를 다 잃어버리고 아버지께로 돌아오는데, 아버지는 둘째 아들의 타락했던 과거에 대해 아무것도 문제를 삼지 않았습니다. 오히려 아버지는 아들의 모습을 멀리서 보고 맨발로 뛰어나가서 돌아온 아들의 목을 끌어안고 입을 맞추고, 좋은 신을 신기고 새 옷을 입히고 아들의 손에 가락지를 끼워 주셨습니다. 이것은 하나님께서 자기의 악함을 인정하고 돌아오는 소자(小子)들에게 복음의 의를 입혀 주시고 아들의 신분을 회복시켜 주시는 은총을 의미합니다.

"**그런즉 서서 진리로 너희 허리 띠를 띠고 의의 흉배를 붙이고 평안의 복음의 예비한 것으로 신을 신고 모든 것 위에 믿음의 방패를 가지고 이로써 능히 악한 자의 모든 화전을 소멸하고 구원의 투구와 성령의 검 곧 하나님의 말씀을 가지라**"(엡 6:14-17). 진리의 복음은 우리의 구주 예수님이 우리의 모든 죄를 다 없애 놓았다고 선포합니다. 이 진리의 복음을 믿는 자는 평안의 가죽신을 신었기 때문에 아무리 험한 길로 다녀도 더 이상 죄로 인해서 상처를 받지 않습니다. 그렇게 자기의 의를 잃은 자라야 하나님의 의를 감사하고 기뻐하며 "**그 은혜의 영광을 찬미**"(엡 1:6)하게 됩니다.

첫째 아들은 바로 바리새인 같은 "**자기 의의 부자들**"을 가리킵니다. 첫째 아들은 둘째의 죄를 무조건적으로 사하시고 아들의 신분을 회복시켜 준 아버지의 행사를 못마땅하게 여겨서, "나는 아버지의 명을 한 번도 어긴 적이 없거늘, 타락한 생활을 하다가 돌아온 둘째에게 이렇게 큰 잔치를 벌여 주고 나에게는 친구들과 즐기라고 염소 새끼 한 마리라도 내어 준 적이 있습니까?"하고 불평을 늘어놓았습니다. 그러나 실상은 첫째 아들과 같은 바리새인들의 죄도 주님께서 이미 다 없애 놓으셨습니다. 그러나 자기의 의를 자랑하는 자들은 하나님의 의에 주리지도 목말라하지도 않고 하나님의 의를 감사하지도 않습니다. 그래서 하나님께서는 그런 자들에게 하나님의 의를 입혀 주시는 영적인 잔치를 벌여 주실 수 없습니다. 그들은 자기의 의로 이미 배가 불렀기 때문입니다.

하나님께서는 둘째 아들처럼 자기 의를 다 잃어버린 자들만을 구원하십니다.

말씀을 마쳤습니다.

하나님의 교회는
살리는 일을 합니다

"네 형제가 죄를 범하거든 가서 너와 그 사람과만 상대하여 권고하라 만일 들으면 네가 네 형제를 얻은 것이요

만일 듣지 않거든 한 두 사람을 데리고 가서 두 세 증인의 입으로 말마다 증참케 하라

만일 그들의 말도 듣지 않거든 교회에 말하고 교회의 말도 듣지 않거든 이방인과 세리와 같이 여기라

진실로 너희에게 이르노니 무엇이든지 너희가 땅에서 매면 하늘에서도 매일 것이요 무엇이든지 땅에서 풀면 하늘에서도 풀리리라

진실로 다시 너희에게 이르노니 너희 중에 두 사람이 땅에서 합심하여 무엇이든지 구하면 하늘에 계신 내 아버지께서 저희를 위하여 이루게 하시리라

두 세 사람이 내 이름으로 모인 곳에는 나도 그들 중에 있느니라"(마 18:15-20).

오랫동안 가뭄이 참으로 심했는데, 오늘 아침에 단비가 내렸습니다. 거의 한 달 동안 땡볕만 쬐고 비가 오지 않아서 저희 집 정원의 잔디가 노랗게 고스러졌었습니다. 제가 가끔 수돗물을 좀 뿌려줬지만 수돗물로는 잔디들을 흡족하게 해갈시킬 수 없었습니다. 하나님께서 오늘 아침에 단비를 내려 주시니 축 늘어졌던 모든 식물들이 다시 생기를 띠었습니다. 우리 영혼도 그렇습니다. 하나님

의 말씀이 단비가 되어서 우리 영혼 위에 내려야만 우리 영혼은 소생되고 활기를 찾습니다. 우리가 일주일에 몇 번씩 모여서 하나님의 말씀을 듣는 예배의 시간은 그래서 참으로 소중합니다. 여러분에게 말씀을 전하면서 저도 하나님의 은혜를 입기에 저는 여러분과 함께 예배를 드릴 수 있도록 교회를 주신 하나님께 감사를 드립니다.

하나님의 교회와 사단의 회(會)

"하나님의 뜻을 따라 그리스도 예수의 사도로 부르심을 입은 바울과 및 형제 소스데네는 고린도에 있는 하나님의 교회 곧 그리스도 예수 안에서 거룩하여지고 성도라 부르심을 입은 자들과 또 각처에서 우리의 주 곧 저희와 우리의 주 되신 예수 그리스도의 이름을 부르는 모든 자들에게 하나님 우리 아버지와 주 예수 그리스도로 좇아 은혜와 평강이 있기를 원하노라"(고전 1:1-3).

성경은 **"하나님의 교회"**란 "물과 피로 임하신 그리스도 예수의 복음을 믿어서 죄 사함을 받은 성도들의 모임"이라고 정의합니다. 성도라는 말은 한자로 거룩할 성(聖) 자와 무리 도(徒) 자로 구성되었으므로, 성도(聖徒)란 "거룩한 무리," 즉 죄가 없는 의인들을 일컫는 말입니다.

여러분의 마음에는 죄가 있습니까? 믿음으로 거듭난 의인들에게는 죄가 없습니다. **"이제 허락하라 우리가 이와 같이 하여 모든 의를 이루는 것이 합당하니라"**(마 3:15)는 예수님의 명령을 따라 인류의 대표자인 세례 요한이 안수의 형식으로 예수님께 세례를 베풀었을 때에, 우리 인류의 모든 죄가 예수님의 육체로 단번에 넘어갔습니다. 그래서 세례를 받으신 이튿날에 예수님은 세례 요한에게 **"보라 세상 죄를 지고 가는 하나님의 어린양이로다"**(요 1:29)라는 증거를 받으셨습니다. 예수님은 받으신 세례로 세상 죄를 짊어지고 십자가로 가셨습니다. 주님은 십자가에 못이 박혀서 여섯 시간 동안 절규하시며 피를 흘리셨습니다. 예수님의 피는 당신이 담당한 인류의 모든 죄를 완벽하게 지불하는 대속(代贖)의 보혈(寶血)이었습니다. 주님은 십자가에서 당신의 보혈을 마지막 한 방울까지 다 흘리시고 **"다 이루었다"**(요 19:30)라고 크게 외치신 후에 숨을 거두셨습니다. 그때에 성전(聖殿)의 지성소 앞에 드리워졌던 휘장이 위에서 아래까지 쫙 찢어졌습니다. 이는 이제 누구든지 하나님의 보좌 앞에 담대하게 나아갈 수 있도록 예수님께서 우리 모두의 죄를 없애 주셨음을 의미합니다.

여러분이 지금까지 지은 죄뿐만 아니라 앞으로 죽을 때까지 지을 죄도 **"그 세례"**(행 10:37)로 예수님에게 전가(轉嫁, 옮겨 심음)된 **"세상 죄"** 안에 포함되었습니다. 그러므로 진리의 원형복음을 믿는 사람은 모든 죄의 사함을 받고 거룩한 하나님의 자녀로 거듭납니다. 성자(聖子) 하나님이신 예수님께서는 육신을 입고 **"물과 피로 임"**(요일 5:6)하셨습니다. 요단강의 세례와 십자가의 피로 우리의 모든 죄를 완벽하게 없애시는 일을 주님은 다 이루셨습니다.

이 진리의 원형복음을 믿어서 죄 사함을 받은 성도들의 모임, 즉 예수 그리스도의 이름으로 거듭난 의인들의 모임이 **하나님의 교회**입니다. 그러므로 "기독죄인들"(Christian-sinners)의 모임은 하나님의 교회가 아니라 실상은 **"사단의 회"**(the synagogue of Satan, 계 3:9)입니다. **"사단의 회"**는 영혼들을 착취하고 죽이는 일을 하기에, 그런 모임은 하나님의 교회가 아닙니다. 하나님의 교회는 살리는 일을 하고 사단의 회(會)는 죽이는 일을 합니다. 영혼들을 살리는 구원의 사역은 오직 하나님의 교회만 할 수 있습니다.

죄를 다스리고 책망해서
영혼을 올바르게 인도하는 교회의 권세

"네 형제가 죄를 범하거든 가서 너와 그 사람과만 상대하여 권고하라 만일 들으면 네가 네 형제를 얻은 것이요 만일 듣지 않거든 한 두 사람을 데리고 가서 두 세 증인의 입으로 말마다 증참케 하라 만일 그들의 말도 듣지 않거든 교회에 말하고 교회의 말도 듣지 않거든 이방인과 세리와 같이 여기라"(마 18:15-17).

하나님의 교회는 죄 사함을 받은 의인들의 모임입니다. 하나님께서는 모세를 부르셔서 "너의 선 곳은 거룩한 땅이니 네 발에서 신을 벗으라"(출 3:5)고 말씀하셨습니다. 하나님의 교회는 하나님께서 함께 하시는 거룩한 곳입니다. 그런데 하나님의 교회는 그 규모가 크지 않습니다. "나 여호와가 말하노라 배역한 자식들아 돌아오라 나는 너희 남편임이니라 내가 너희를 성읍에서 하나와 족속 중에서 둘을 택하여 시온으로 데려오겠고 내가 또 내 마음에 합하는 목자를 너희에게 주리니 그들이 지식과 명철로 너희를 양육하리라"(렘 3:14-15)고 말씀하셨습니다. 한 성읍(城邑)에서 한 명, 한 족속에서 두 명 정도가 진리의 원형복음을 믿음으로 죄 사함을 받습니다. "적은 무리여 무서워 말라 너희 아버지께서 그 나라를 너희에게 주시기를 기뻐하시느니라"(눅 12:32)고 말씀하셨듯이, 하나님의 교회는 적은 무리입니다.

또한 하나님께서는 당신과 마음을 연합한 목자(牧者)를 당신의 교회에 세우셔서 당신의 양 무리를 돌보고 인도하게 하십니다. 하나님의 교회에는 영적 질서가 있습니다. 목자와 앞선 자들은 하나님의 말씀으로 성도들을 양육하고 보살피며, 혹시 누가 죄를 지으면 사랑으로 책망해서 돌이키게 인도합니다. **"그러나 책망을 받는 모든 것이 빛으로 나타나나니 나타나지는 것마다 빛이니라"**(엡 5:13)는 말씀대로, 책망을 받은 성도는 자기의 잘못을 시인하고 돌이켜서 새로운 마음으로 다시 빛을 좇아가면 됩니다. 우리의 모든 죄와 허물은 주님께서 받으신 세례와 십자가의 피로 이미 다 없애 주셨습니다. 죄 사함을 받은 성도의 마음에는 성령님께서 내주(來住)하셔서, 만일 어떤 성도가 빛의 말씀으로 책망을 받게 되면 성령님께서는 그의 마음을 변화시켜 주시고 말씀에 굴복하게 하십니다. 그러므로 여러분은 하나님의 교회 안에 있다는 것을 큰 축복으로 여겨야 합니다. 우리에게 교회를 주셔서 생명의 양식을 풍족히 먹게 하시고 주의 나라에 들어가기까지 보호하시고 인도하시는 하나님 아버지께 감사를 드립니다.

거듭난 성도라도 영적으로 너무 어렸을 때에는 책망을 하지 않습니다. 우리가 갓난아기들을 책망합니까? 책망을 한들 갓난아기들이 말귀를 알아듣습니까? 성도들도 영적으로 조금 자라나서 말귀라도 알아들어야 잘못한 일이 있으면 책망을 합니다. 교회의 앞선 자들은 어떤 성도가 이제는 조금 분별력이 있을 정도가 되어야 잘못한 부분에 책망을 해서 돌이키게 합니다. 그런데 교회의 선배들이 책망을 해도 듣지 않는 어린 자도 있습니다. 두세 사람이 함께 사랑으로 권면하는데도 듣지 않으면, 그때는 교회에 말을 해서 교회의 인도자가 책망을 하고 엄하게 다스려야 합니다. 그래서 교회의 책망과 권고를 들으면 그 영혼은 영의 생명을 지킬 수 있습니다.

그런데 만일 어떤 형제나 자매가 끝까지 악한 길에서 돌이키지 않으면 그는 하나님의 은혜를 만홀(漫忽)하게 여기는 자이며 거듭나지 못한 이방인들과 다를 바가 없습니다. 어떤 자가 끝까지 교회의 책망과 권고를 듣지 않으면 그때는 그런 사람을 **"이방인과 세리와 같이 여기라"**라고 하셨습니다. 그런 사람은 교회의 일원으로 여기지 말라는 말씀이고, 교회에 출석하지 못하도록 다스려야 합니다.

물론 교회의 책망과 다스림을 듣고서 "나더러 교회에 나오지 말라고 하면, 내가 안 나가면 되지!" 하고 교회의 조치를 가볍게 여기는 사람도 있습니다. 하나님의 교회에서 끊어지는 것은 영적인 죽음을 의미합니다. 교회는 주님의 몸이고 주님은 참 포도나무입니다. 가지가 나무에 붙어 있지 않으면 말라서 아궁이에 들어갑니다. 여러분은 자신이 하나님의 교회에 큰 은혜를 끼치는 자라고 생각합니까? 정반대입니다. 저와 여러분은 다 하나님의 교회가 있어서 영적으로 보호를 받으며 영의 양식을 얻어 먹고 삽니다. 하나님의 교회라는 우산 아래서만 우리는 거세게 쏟아지는 사단 마귀의 유혹과 저주를 피할 수 있습니다. 하나님 교회는 영혼을 살리는 일을 합니다. 하나님의 교회는 절대로 죽이는 일을 하지 않습니다. "너는 네 잘못을 인정하고 돌이키기 전까지는 교회에 나오지 말라"라고 다스리는 것도 그 영혼을 진정으로 돌이키게 해서 살리려고 그렇게 하는 것입니다.

죄를 사하는 권세

"진실로 너희에게 이르노니 무엇이든지 너희가 땅에서 매면 하늘에서도 매일 것이요 무엇이든지 땅에서 풀면 하늘에서도 풀리리라"(마 18:18).

하나님의 교회는 죄와 사단의 올무에 묶인 이들을 풀어 주는 일을 합니다. 하나님께서는 당신의 교회에 진리의 말씀을 맡겨 주셨습니다. 하나님의 교회는 그 말씀의 능력으로 영혼들을 죄에서 해방시키고 온갖 잘못된 가치관과 거짓 교리의 속박에서 자유롭게 합니다. 그런데 가톨릭교회는 이 본문의 말씀을 아전인수(我田引水)식으로 해석해서, "예수님께서 베드로에게 '**죄를 사하는 권세**'를 주셨고 베드로가 가톨릭교회의 초대 교황이니, 가톨릭교회에만 사죄권(赦罪權)이 있다"라고 주장합니다. 교황 제도는 밀라노칙령(AD 313) 이후에 기독교가 로마제국의 공인을 받게 되면서 제도화되었습니다. 그러니 베드로가 초대 교황이라는 말은 거짓말입니다.

가톨릭교회는 예수님께서 베드로 개인에게 죄를 사하는 권세를 주셨다고 주장합니다. 가톨릭교회는 그 사죄권을 근거로 고백성사 제도를 세웠습니다. 그들은 베드로가 "**주는 그리스도시요 살아계신 하나님의 아들이시니이다**"라고 고백했을 때에, 예수님께서 "**너는 베드로라 내가 이 반석 위에 내 교회를 세우리니 음부의 권세가 이기지 못하리라 내가 천국 열쇠를 네게 주리니 네가 땅에서 무엇이든지 매면 하늘에서도 매일 것이요 네가 땅에서 무엇이든지 풀면 하늘에서도 풀리리라**"(마 16:18-19)고 칭찬하신 부분을 근거로 그런 터무니없는 주장을 합니다.

그러나 "진실로 너희에게 이르노니 무엇이든지 너희가 땅에서 매면 하늘에서도 매일 것이요 무엇이든지 땅에서 풀면 하늘에서도 풀리리라"(마 18:18)는 오늘의 본문 말씀은 주님께서 당신의 교회에 죄를 사하는 권세를 주셨다는 뜻입니다. 하나님께서는 진리의 복음을 믿는 성도들을 모아서 당신의 교회를 세우시고, 당신의 교회를 통해서 진리의 복음을 듣고 믿는 영혼들의 죄를 사해 주십니다.

요한복음 11장에는 예수님께서 죽은 나사로를 살리신 이적이 기록되어 있습니다. 예수님께서 동굴에 안치되어 있었던 죽은 나사로를 향해서, **"나사로야 나오라"**(요 11:43)고 외치시자 나사로가 얼굴은 수건에 싸이고 손과 발은 베로 동인 채로 살아서 나왔습니다. 그러자 주님은 **"풀어놓아 다니게 하라"**(요 11:44)고 명하셨습니다. 우리가 죄 사함을 받고 사망에서 풀려났어도 아직도 우리를 얽매고 있는 많은 속박들이 있습니다. 죄 사함을 받고 천국의 영생을 얻었다고 가족들을 내버려 두고 복음만 전하면 됩니까? 그렇지 않습니다. 거듭난 우리에게도 먹고 사는 문제가 우리를 얽매고 있습니다. 우리는 우리의 가족들에게도 복음을 전해서 죄 사함을 받게 해야 하지만 우리가 감당해야 할 그들의 생활 문제도 책임져야 합니다. 주님은 **"너희는 먼저 그의 나라와 그의 의를 구하라 그리하면 이 모든 것을 너희에게 더하시리라"**(마 6:33)고 약속하셨습니다. 우리가 믿음으로 하나님의 뜻을 좇으면 우리가 살아가는데 필요한 모든 것들은 주님께서 다 공급해 주십니다.

또한 우리는 사단 마귀의 거짓된 가치관이나 잘못된 지식과 편견에도 묶여 있는 부분이 많습니다. 하나님께서는 사람의 중심을 보시지만, 우리는 사람의 외모를 중시합니다. 우리는 사람의 신분이나 지위, 재산, 생김새, 학벌, 인맥 등을 보고 어떤 사람은 존귀하게 대하고 어떤 사람은 차별 대우합니다. 그것은 잘못된 생각이며 편견입니다. 우리는 많은 편견에 묶여서 스스로를 속박하며 살아가고 있습니다. 나사로를 **"풀어놓아 다니게 하라"**라고 말씀하신 주님께서는 진리의 말씀으로 이런 모든 속박에서 우리를 풀어놓아 자유롭게 하십니다. 그래서 우리가 교회 안에서 영적으로 자라나면 **"자기를 창조하신 자의 형상을 좇아 지식에까지 새롭게 하심을 받는 자"**(골 3:10)가 됩니다.

하나님의 교회는 주님처럼 영혼을 살리고 그들을 모든 속박과 편견에서 풀어놓아 다니게 하는 일을 합니다. 하나님의 교회는 성도들을 속박하고 착취하지 않습니다. 하나님 교회의 머리는 예수님입니다. 그래서 하나님의 교회는 예수님께서 기뻐하시는 일만을 준행합니다. 예수님께서 죽은 나사로를 살리셔서 풀어놓아 다니게 하셨다면 하나님 교회도 죽은 자들이 영원한 생명을 얻게 하고, 그들이 잘못된 가치관과 편견과 생활고에 묶여 있는 부분들이 있다면 그런 속박들을 말씀으로 풀어 주어서 자유롭게 다니게 합니다. 그렇다고 해서 하나님 교회는 성도들이 제멋대로 방종하라고 방임하지는 않습니다. 하나님의 교회는 성도들에게 의의 도(道)를 가르쳐서 성도들이 자원함과 기쁨으로 하나님의 뜻을 따라가게 합니다. 아름다운 믿음은 남이 보라고 복음을 섬기는 것이 아니라 자원함과 기쁨으로 복음을 섬기는 것입니다.

주님과 마음이 연합된 교회

"진실로 다시 너희에게 이르노니 너희 중에 두 사람이 땅에서 합심하여 무엇이든지 구하면 하늘에 계신 내 아버지께서 저희를 위하여 이루게 하시리라 두 세 사람이 내 이름으로 모인 곳에는 나도 그들 중에 있느니라"(마 18:19-20).

하나님의 교회 안에는 예수님께서 계십니다. 주님이 우리 가운데 계시기 때문에 우리의 마음은 늘 든든합니다. 제자들이 예수님과 함께 배를 타고 바다를 건너는데 큰 풍랑이 일어서 배가 파선하게 되었습니다. 그런데 그 배 안에는 예수님께서 계셨기 때문에 아무런 변고 없이 무사히 바다를 건너가지 않았습니까? 하나님의 교회 안에 예수님께서 계시기 때문에 우리는 늘 평안하고 안전합니다. 혹 어떤 어려움이 있어도 두세 사람이 합심해서 기도하면 주님께서 다 들으시고 응답하십니다.

어떤 일에 한마음으로 합심하려면 그 일이 나의 일이 되어야 합니다. "남의 다리 긁듯 한다"라는 표현처럼, 어떤 일이 남의 일일 때에는 우리가 그 일에 마음을 드리지 않습니다. 제가 우리 형제들에게 이런저런 일을 맡기고 나중에 점검해 보면 별로 진전이 없는 것을 발견할 때가 많습니다. 그 형제에게는 그 일이 내 일이 아니기 때문입니다. 하나님의 일이 내 일이 되면 저절로 하나님의 일을 먼저 하게 되고 또 기쁨으로 하나님의 일에 충성하게 됩니다. 하나님의 일이 나의 일로 자리 잡지 못하면, 하나님의 일에 자원함과 기쁨으로 충성할 수 없습니다.

또 하나님의 일이 나의 일이 된 사람은 하나님의 일을 위해서 기도할 때에도 간절함으로 간구합니다. 여러분은 자신의 일을 위해 간절하게 기도드리지 않습니까? 왜 그렇게 간절하게 합니까? 그 일은 나의 일이기 때문입니다. 하나님의 일이 나의 일이 되어야 합니다. 사실 우리에게는 하나님의 일을 위해서 기도할 제목들이 참으로 많습니다. 우리가 교회로 모여서 합심해서 기도하면 하나님께서 반드시 들으십시오. "진실로 다시 너희에게 이르노니 너희 중에 두 사람이 땅에서 합심하여 무엇이든지 구하면 하늘에 계신 내 아버지께서 저희를 위하여 이루게 하시리라"(마 18:19)고 약속하셨습니다.

말씀을 마쳤습니다.

네가 입은 큰 긍휼을 잊지 말라

"그 때에 베드로가 나아와 가로되 주여 형제가 내게 죄를 범하면 몇 번이나 용서하여 주리이까 일곱 번까지 하오리이까

예수께서 가라사대 네게 이르노니 일곱 번 뿐 아니라 일흔 번씩 일곱 번이라도 할찌니라

이러므로 천국은 그 종들과 회계하려 하던 어떤 임금과 같으니

회계할 때에 일만 달란트 빚진 자 하나를 데려오매

갚을 것이 없는지라 주인이 명하여 그 몸과 처와 자식들과 모든 소유를 다 팔아 갚게 하라 한대

그 종이 엎드리어 절하며 가로되 내게 참으소서 다 갚으리이다 하거늘

그 종의 주인이 불쌍히 여겨 놓아 보내며 그 빚을 탕감하여 주었더니

그 종이 나가서 제게 백 데나리온 빚진 동관 하나를 만나 붙들어 목을 잡고 가로되 빚을 갚으라 하매

그 동관이 엎드리어 간구하여 가로되 나를 참아 주소서 갚으리이다 하되

허락하지 아니하고 이에 가서 저가 빚을 갚도록 옥에 가두거늘

그 동관들이 그것을 보고 심히 민망하여 주인에게 가서 그 일을 다 고하니

이에 주인이 저를 불러다가 말하되 악한 종아 네가 빌기에 내가 네 빚을 전부 탕감하여 주었거늘

내가 너를 불쌍히 여김과 같이 너도 네 동관을 불쌍히 여김이 마땅치 아니하냐 하고

주인이 노하여 그 빚을 다 갚도록 저를 옥졸들에게 붙이니라
너희가 각각 중심으로 형제를 용서하지 아니하면 내 천부께서도 너희에게 이와 같이 하시리라"(마 18:21-35).

자기의 근본 모습을 잊지 말라

오늘의 본문 말씀은 우리가 어떤 처지에서 구원을 받았는지를 잊지 말라고 권고합니다. 우리는 자신의 꼬락서니를 잘 알아야 합니다. 우리는 자기의 근본 모습을 자주 망각하고 자기가 대단한 존재인 줄 착각합니다. 죄 사함을 받고 나면 처음에는 마음이 감사하고 겸손한데 좀 시간이 지나면서 자기의 꼬락서니를 잊어버릴 때가 있습니다. 그래서 야고보서에 "너희는 도를 행하는 자가 되고 듣기만 하여 자신을 속이는 자가 되지 말라 누구든지 도를 듣고 행하지 아니하면 그는 거울로 자기의 생긴 얼굴을 보는 사람과 같으니 제 자신을 보고 가서 그 모양이 어떠한 것을 곧 잊어버리거니와 자유하게 하는 온전한 율법을 들여다보고 있는 자는 듣고 잊어버리는 자가 아니요 실행하는 자니 이 사람이 그 행하는 일에 복을 받으리라"(약 1:22-25)고 말씀하셨습니다. 이 말씀에서 "도"나 "자유하게 하는 온전한 율법"은 진리의 복음을 지칭(指稱)합니다. 자기가 근본 어떤 자인지를 망각한 사람에게는 복음의 은혜도 시들해질 수밖에 없습니다. 그러므로 우리는 하나님께서 우리가 어떤 자인데 아무 조건 없이 구원의 은총을 입혀 주셨는지를 잊지 말아야 합니다.

주님께서 이 가르침을 주시기 전에 베드로가 먼저 "형제가 잘못을 행하고 와서 용서를 구하면 몇 번까지 용서해 주면 되겠습니

까? 일곱 번이면 되겠습니까?"하고 예수님께 여쭈었습니다. 여러분, 자기에게 잘못한 형제를 일곱 번까지 용서하는 것도 쉬운 일은 아닙니다. 여러분은 일곱 번까지 용서할 수 있을 것 같습니까? 아마 두 번 세 번까지 용서해 주어도 스스로 자신이 매우 관대하다고 자부할 것입니다. 그런데 주님께서는 형제가 잘못을 행하고 진정으로 잘못했다며 용서를 구하면, 일흔 번씩 일곱 번이라도 용서해 주라고 말씀하셨습니다. 그러면 형제를 490번까지만 용서하라는 말씀인가요? 아닙니다. 일곱이라는 숫자는 하나님의 창조의 칠일에 나타났듯이 "완전"을 의미합니다. 그러니까 형제가 잘못을 인정하고 용서를 구하면 언제든지 완전한 용서를 베푸는 것이 옳다는 말씀입니다.

사랑은 허다한 허물을 덮습니다

진정으로 주님의 사랑을 입은 사람은 형제의 허물을 덮어 줍니다. 형제의 그 죄도 주님께서 세례를 받으실 때에 이미 가져가셨고 그의 연약과 부족도 주님께서 다 담당하셨기 때문에, 본인이 진정으로 잘못했다고 인정하고 돌이키기만 하면 우리가 그의 잘못을 용서하지 못할 이유가 없습니다. 주님께서 다 해결해 놓으시고 문제 삼지 않는 일을 우리가 어떻게 꼬투리를 잡겠습니까? 주님께로부터 **"진리의 사랑"**(살후 2:10)을 입은 사람은 자기도 형제 자매들에게 진리의 사랑을 베풉니다. 이런 맥락에서 주님께서는 **"이러므로 천국은 그 종들과 회계하려 하던 어떤 임금과 같으니"**(마 18:23)라고 말씀하시며 한 가지 예화(例話)를 들려주셨습니다. 여기에서 **"천국"**이란 "천국의 영생을 얻은 자들의 영적 세계"를 뜻합니다. 거듭난 자들은 진정으로 자기가 어떤 처지에서 주님의 긍휼을 입고 모든 죄의 사함을 받았는지를 기억하기 때문에, 자신도 형제들을 관용하고 그들의 죄와 허물을 너그럽게 덮어 줍니다.

어떤 임금이 그의 종들과 셈을 하게 되었는데, 그 결과 어떤 종이 임금에게 엄청난 빚, 즉 일만 달란트(talents)의 빚을 진 것이 드러났습니다. 달란트(one talent)나 데나리온(denarius)은 로마의 화폐 단위인데, 은(銀) 한 달란트(one talent)는 6,000데나리온(6,000 denarii)입니다. 그리고 한 데나리온은 건장한 남자의 하루 품삯이었다고 하니까, 일만 달란트를 지금의 우리 돈으로 환산하면, 10,000 X 6,000 X 100,000 = 6,000,000,000,000원 즉 6조원입니다. 일만 달란트의 빚은 장정 한 사람이 60,000,000일 즉 16만 년 이상 일을 해야 갚을 수 있는 엄청난 빚이었고 그 이자가 더 빠른 속도로 늘어나는 것을 감안하면, 일만 달란트의 빚은 사람이 스스로는 도저히 갚을 수 없는 빚이라는 뜻입니다.

임금은 **"그 몸과 처와 자식들과 모든 소유를 다 팔아 갚게 하라"**라고 명하셨지만, 그런들 종의 빚을 갚을 수 있겠습니까? 일만 달란트라는 그 종의 빚은 도저히 갚을 수가 없어서 영원한 지옥에 떨어져야 할 우리의 죄의 빚을 계시합니다. 우리가 하나님 앞에서 지은 죄의 빚은 우리 인간이 아무리 노력해도 해결할 길이 없는 빚, 즉 일만 달란트에 해당하는 엄청난 빚입니다. 우리는 하나님 앞에서 구제불능의 존재입니다. 우리는 우리의 죄 문제를 스스로는 결코 해결할 수 없는 비참한 자들입니다.

그런데 하나님께서는 "불쌍히 여겨달라"라는 그 종의 간청을 들어주셔서 그의 모든 빚을 아무 조건 없이 탕감해 주셨습니다. 하나님께서 당신의 외아들을 대속(代贖)의 "어린양"으로 이 땅에 보내셔서, 당신의 아들이 받으신 세례로 인류의 죄를 그 아들에게 다 넘기셨고 그 아들이 대신해서 십자기의 피로 죗값을 치르게 하셨습니다. 우리의 모든 죄를 아무 조건 없이 탕감해 주시기 위해서 성자(聖子) 예수님께서는 엄청난 희생과 고난을 당해 주셨습니다.

예수님께서 세례 요한에게 세례를 청하실 때에, **"이제 허락하라 우리가 이와 같이 하여 모든 의를 이루는 것이 합당하니라"**(마 3:15)고 명하셨습니다. 이 명령에 따라 세례 요한은 예수님의 머리에 안수하고 예수님을 물에 잠갔다가 일으켰습니다. 안수는 죄를 희생제물에게 넘기는 하나님의 법입니다. 이때에 인류의 모든 죄가 예수님에게 단번에 넘어갔기에, 이 세상에는 **"모든 의"**가 이루어진 것입니다. 주님께서 물에 잠기신 것은 십자가의 죽으심을, 또 다시 물에서 올라오신 것은 주님의 부활을 계시합니다. 이와 같이 예수님께서 받으신 세례 안에는 주님의 구원사역 전체가 함축되어 있습니다. 그래서 예수님께서 물에서 다시 올라오실 때에 성령이 비둘기 형상으로 주님 위에 임하셨고, 하늘로부터 **"이는 내 사랑하는 아들이요 내 기뻐하는 자라"**(마 3:17)는 하나님 아버지의 음성이 들렸습니다. 성부(聖父)와 성자(聖子)와 성령(聖靈), 삼위(三位)의 하나님께서 합작하셔서 우리의 죄를 없애 주셨고, 그 풍성한 하나님의 구원의 은총을 믿는 자는 값없이 모든 죄의 사하심을 받게 되었습니다. 우리는 값없이 죄 사함을 받았지만 하나님 편에서는 엄청난 희생으로 우리의 죗값을 다 지불하셨습니다. 이것이 구제불능의 우리들이 죄 사함을 받게 된 비밀입니다.

복음을 듣고도 죄 사함을 받지 못한 자의 행실

　그 종은 일만 달란트의 엄청난 빚을 탕감 받고 기분 좋게 휘파람을 불며 왕궁을 나갔습니다. 그런데 그가 집으로 돌아가는 길에 자기에게 일백 데나리온의 빚을 진 동료 관원을 만나서 그 동관(同官)의 목을 잡고 관청으로 끌고 가서 빚을 갚도록 감옥에 처넣었습니다. 동료 관원이 그 종에게 진 빚은 얼마든지 갚을 수 있는 빚입니다. 그런데 그 종은 머지않아 갚겠다고 애걸하는 동료의 간청을 묵살하고 자기 동료를 감옥에 가두었으니 그 종을 불쌍히 여겨서 모든 빚을 탕감해 주셨던 임금님은 크게 노했습니다. 임금님은 "이 악하고 괘씸한 놈아! 구제불능인 네가 애걸하길래 내가 너를 불쌍히 여겨서 아무 조건 없이 그 많은 빚을 아무 조건 없이 탕감해 주었더니, 너는 겨우 일백 데나리온 빚진 네 동관에게 그렇게 각박하게 대했느냐?" 하시고 그를 **"그 빚을 다 갚도록"**(마 18:34) 옥에 처넣었습니다. **"그 빚을 다 갚도록"**이라는 말씀은 "영원히"라는 뜻입니다. 진정으로 돌이킨 형제의 허물을 용서하지 못하는 자는 영원토록 지옥에서 고통을 겪게 하시겠다는 말씀입니다.
　이 예화의 말씀은 "복음을 듣고도 구원받지 못한 자의 행실"을 지적하시는 말씀입니다. 자기 꼬락서니를 망각하고 자기가 어떤 처지에서 죄 사함을 받았는지를 잊어버린 사람은 결국 천국의 영생에 들어가지 못하고 영원한 심판을 받습니다. 그런 자는 자기가 얼마나 큰 죄인이었는데 그 모든 죄를 아무 조건 없이 사해 주신 하나님의 사랑을 깨닫지 못한 자입니다. 사도 바울은 **"죄인 중에 내가 괴수니라"**(**딤전** 1:15, sinners; of whom I am chief. KJV)고 고백했습니다. 여기에서 주목할 것은 사도 바울이 "죄인 중에 내가 **괴**

수였노라"라고 말하지 않았고 "죄인 중에 내가 **괴수니라**"라고 현재형(am)으로 고백했다는 사실입니다. 주님께서 베푸신 구원의 은총을 빼놓고 보면, 구원을 받은 지금 현재에도 저는 여전히 죄인 중에 괴수입니다. 저의 죄악만을 놓고 보면, 저는 골백번 지옥에 떨어져야 마땅한 자입니다. 그런데 **"미쁘다 모든 사람이 받을만한 이 말이여 그리스도 예수께서 죄인을 구원하시려고 세상에 임하셨다 하였도다 죄인 중에 내가 괴수니라"**(딤전 1:15)고 사도 바울은 고백했습니다. 죄인 중에 괴수인 우리들은 일만 달란트 빚진 자를 찾아오셔서 아무 조건 없이 그 모든 죄의 빚을 탕감해 주신 주님의 은총으로 영원한 지옥의 심판을 모면하고 천국 영생의 후사(後嗣)가 되었습니다.

자기가 그토록 엄청난 은혜를 입었으면, 그리고 자기를 지옥의 영원한 형벌에서 값없이 구원해 준 진리의 사랑을 입은 자라면, 마땅히 진정으로 잘못을 돌이킨 자기 동료의 죄도 용서해 줍니다. 그러므로 형제를 용서하지 못하는 자는 온전한 구원의 은총을 입은 자라고 말할 수 없습니다. 그래서 주님도 그렇게 강퍅한 자는 "그 **빚을 다 갚도록**"(마 18:34) 옥에 처넣습니다.

우리는 하나님 앞에서 자기의 근본 모습을 망각하지 말아야 합니다. **"의를 좇으며 여호와를 찾아 구하는 너희는 나를 들을찌어다 너희를 떠낸 반석과 너희를 파낸 우묵한 구덩이를 생각하여 보라"**(사 51:1)고 말씀하십니다. 우리는 자기 자신이 어떤 자였는데 하나님의 은총을 입었는지를 잊지 말아야 합니다. "은혜는 물에 새기고 원한은 바위에 새긴다"라는 속담이 있습니다. 우리가 입은 은혜는 쉽게 잊어버리고 원한은 가슴에 새기는 존재가 우리들입니다만, 우리는 하나님의 은혜를 결코 잊을 수 없습니다. 자기가 얼마나 더러운 죄 덩어리인지를 잊지 않는 사람은 다른 사람에 대해서도 관대합니다. 복음을 대적하고 부인하는 자에 대해서는 관대하지 않지만, 어떤 사람이 연약하고 부족해서 행한 잘못에 대해서는 자기도 그런 자인 것을 기억하고 체휼하며 오래 기다려 주고, 또 그 사람이 진정으로 돌이켜서 용서를 구하면 진리의 복음으로 용납하고 용서하는 것이 거듭난 의인의 행실입니다. "**사랑은 허다한 죄를 덮느니라**"(벧전 4:8)고 말씀하셨습니다. 진리의 사랑을 입은 사람은 형제의 허다한 허물을 덮어 줍니다.

"**누구든지 하나님을 사랑하노라 하고 그 형제를 미워하면 이는 거짓말 하는 자니 보는바 그 형제를 사랑치 아니하는 자가 보지 못하는바 하나님을 사랑할 수가 없느니라 우리가 이 계명을 주께 받았나니 하나님을 사랑하는 자는 또한 그 형제를 사랑할찌니라**"(요일 4:20-21). 거듭난 의인들은 자기가 어떠한 처지에서 구원을 받았는지를 잊지 말아야 합니다. 자기의 꼬락서니를 아는 분량만큼 하나님의 은혜도 임합니다. 거듭난 의인들의 세계에서는 마음을 낮추는 것이 하나님의 풍성한 은혜를 지키는 비결입니다. 저와 여러분의 마음이 높을 것이 무엇입니까? 우리에게는 잘난 것이 전혀 없고, 그저 부끄러운 것들뿐입니다. 자기의 꼬락서니를 아는 사람은 교만한 마음을 품을 수 없습니다. 김국환이라는 가수가 부른 "타타타"라는 대중가요에, "♪네가 나를 모르는데 난들 너를 알겠느냐~"라는 노래 가사가 있습니다. 대부분의 사람들은 자기 자신이 어떤 자인지를 잘 모릅니다만, 정직한 사람은 자기가 얼마나 개떡 같은 존재인지를 압니다. 그래서 진정으로 거듭난 의인은 "저 같은 쓰레기를 구원해 주셔서 감사합니다" 하고 항상 하나님께 감사를 드립니다.

자기 자신에 대해서 정직한 것이 겸손입니다. 자기의 꼬락서니를 알면 겸손할 수밖에 없습니다. 그와 반대로 자기의 꼬락서니를 모르는 자는 교만할 수밖에 없습니다. 오늘의 본문에 등장했던 그 종은 자기의 꼬락서니를 망각해서 지옥의 형벌을 자초한 것입니다. 주님께서는 **"사람의 마음의 교만은 멸망의 선봉이요 겸손은 존귀의 앞잡이니라"**(잠 18:12)고 말씀하셨습니다.

여러분은 어떻습니까? 여러분은 형제의 부족이나 연약을 도저히 봐줄 수 없습니까? 여러분은 자기가 다른 사람보다는 탁월하다고 여깁니까? 여러분은 도무지 자기를 낮추고 싶은 마음이 없습니까? 주님 앞에서 자신이 얼마나 더럽고 가증하고 거짓되고 위선적이며 음란하고 이기적인 존재인지를 아는 사람은 일만 달란트라는 엄청난 빚을 아무 조건 없이 탕감해 주신 주님을 찬양할 수밖에 없습니다. 자기가 어떤 자인지를 아는 자는 주님의 은혜 앞에 아무 할 말이 없고 그저 감사와 찬양을 드릴 뿐입니다. 그런 은혜로 인하여 형제들의 연약이나 부족도 관용하고 돌이키기를 기다려 주며, 형제가 진정으로 돌이켜서 용서를 빌면 주님의 복음 안에서 아무 뒤끝 없이 용서해 주는 것이 의인의 세계입니다.

우리는 자기 꼬락서니를 잊지 말고 주님께서 자신을 어떤 처지에서 구원해 주셨는지를 잊지 말아야 합니다. 거듭난 우리는 마음을 낮은 곳에 두고 주님께서 베푸신 은혜를 잊지 말아야 합니다.

말씀을 마쳤습니다.

음행한 경우에만 이혼하게 하신 이유

"예수께서 이 말씀을 마치시고 갈릴리에서 떠나 요단강 건너 유대 지경에 이르시니

큰 무리가 좇거늘 예수께서 거기서 저희 병을 고치시더라

바리새인들이 예수께 나아와 그를 시험하여 가로되 사람이 아무 연고를 물론하고 그 아내를 내어버리는 것이 옳으니이까

예수께서 대답하여 가라사대 사람을 지으신 이가 본래 저희를 남자와 여자로 만드시고

말씀하시기를 이러므로 사람이 그 부모를 떠나서 아내에게 합하여 그 둘이 한 몸이 될찌니라 하신 것을 읽지 못하였느냐

이러한즉 이제 둘이 아니요 한 몸이니 그러므로 하나님이 짝지어 주신 것을 사람이 나누지 못할찌니라 하시니

여짜오되 그러하면 어찌하여 모세는 이혼 증서를 주어서 내어버리라 명하였나이까

예수께서 가라사대 모세가 너희 마음의 완악함을 인하여 아내 내어버림을 허락하였거니와 본래는 그렇지 아니하니라

내가 너희에게 말하노니 누구든지 음행한 연고 외에 아내를 내어버리고 다른데 장가 드는 자는 간음함이니라

제자들이 가로되 만일 사람이 아내에게 이같이 할찐대 장가 들지 않는 것이 좋삽나이다

예수께서 가라사대 사람마다 이 말을 받지 못하고 오직 타고난 자라야 할찌니라

어미의 태로부터 된 고자도 있고 사람이 만든 고자도 있고 천국을 위하여 스스로 된 고자도 있도다 이 말을 받을 만한 자는 받을찌어다"(마 19:1-12).

요즘엔 이혼을 밥 먹듯이 합니다. 그래서 몇 번씩 결혼과 이혼을 반복하는 사람도 많습니다. 이혼한 사람들에게 그 사유를 들어 보면, 주로 상대방과 성격이 안 맞는다거나 상대방이 자기밖에 모른다는 것입니다. 나하고 성격이 맞는 사람이 어디 있으며 이기적이지 않은 사람이 어디 있습니까? 저도 이기적입니다. 우리는 모두 다 부족하고 연약하고 고집도 세지 않습니까? 우리는 다 흠이 많습니다. 그렇지만 부부는 서로 사랑하기 때문에 서로의 부족함과 연약함을 덮어 주면서 서로 의지하고 살아야 합니다.

우리는 지난 주에 마태복음 18장에 기록된 **"일만 달란트 빚진 자의 예화"**에 대해 말씀을 나누었습니다. 우리 모두는 하나님께 일만 달란트 빚진 자들인데, 하나님의 무조건적인 긍휼을 입고 그 모든 죄의 빚을 탕감 받았습니다. 그렇다면 값없이 죄 사함을 받은 자로서 우리는 다른 사람들의 연약함이나 부족함을 관용하고 용납하는 것이 마땅합니다. 우리에게 잘못한 형제 자매가 진정으로 돌이켜서 "내가 잘못했으니 용서해 달라"라고 간청하면, 주님께서 구제불능인 자신을 용납하셨음을 기억하고 잘못을 행한 형제나 자매를 얼마든지 용서할 수 있습니다.

부부관계도 마찬가지입니다. 자기가 하나님 앞에서 얼마나 악하고 부족하고 연약하고 이기적인 자인지를 인정하는 사람은 자기의 남편이나 아내를 얼마든지 보듬어 줄 수 있습니다. 진리의 복음 안에서는 서로 용납하지 못할 일이 없습니다. 왜 이혼을 하게 됩니까?

아내나 남편 중의 하나 또는 모두가 자기의 부족함이나 악함을 깨닫지 못하기 때문입니다. 주님 앞에서 자기의 꼬락서니를 조금이라도 제대로 안다면 서로를 배려하고 존중하는 마음을 품습니다. 그리고 상대방의 부족함을 용납하고 서로를 덮어 줍니다. 그런데 자기의 꼬락서니를 모르는 사람은 자기가 제일 잘나고 의로운 줄 압니다. 그래서 늘 언쟁이 일어나고 끝내는 이혼에 이르게 됩니다. 비록 우리는 부족하고 연약하지만 둘이 한 몸을 이루고 부부가 되었다면 자기의 아내나 남편을 자기 몸처럼 사랑하고 돌보는 것이 마땅합니다.

이혼에 관한 영적인 교훈

모세는 "이혼을 하려거든 이혼 증서를 써 주고 아내를 버리라"라고 했지만, 예수님은 **"하나님이 짝지어 주신 것을 사람이 나누지 못할찌니라"**라고 말씀하셨습니다. 아내가 음행한 연고 외에는 절대로 아내를 버릴 수 없다는 말씀입니다. 하나님 말씀은 영육간(靈肉間)에 진리입니다. 주님께서 육신의 부부가 이혼을 하려 할 때의 규례를 말씀하신 것 같지만, 하나님 말씀은 영이고 생명입니다. 이혼에 관한 교훈의 말씀은 육신적으로도 합당한 말씀이지만, 우리는 주님께서 들려주시는 영적인 교훈에 더욱더 귀를 기울여야 합니다. 주님께서는 에베소서 5장에서 남편과 아내의 관계는 예수 그리스도와 교회의 관계와 같다고 말씀하셨습니다.

"아내들이여 자기 남편에게 복종하기를 주께 하듯 하라 이는 남편이 아내의 머리 됨이 그리스도께서 교회의 머리 됨과 같음이니 그가 친히 몸의 구주시니라 그러나 교회가 그리스도에게 하듯

아내들도 범사에 그 남편에게 복종할찌니라 남편들아 아내 사랑하기를 그리스도께서 교회를 사랑하시고 위하여 자신을 주심 같이 하라 이는 곧 물로 씻어 말씀으로 깨끗하게 하사 거룩하게 하시고 자기 앞에 영광스러운 교회로 세우사 티나 주름잡힌 것이나 이런 것들이 없이 거룩하고 흠이 없게 하려 하심이니라 이와 같이 남편들도 자기 아내 사랑하기를 제몸 같이 할찌니 자기 아내를 사랑하는 자는 자기를 사랑하는 것이라 누구든지 언제든지 제 육체를 미워하지 않고 오직 양육하여 보호하기를 그리스도께서 교회를 보양함과 같이 하나니 우리는 그 몸의 지체임이니라 이러므로 사람이 부모를 떠나 그 아내와 합하여 그 둘이 한 육체가 될찌니 이 비밀이 크도다 내가 그리스도와 교회에 대하여 말하노라 그러나 너희도 각각 자기의 아내 사랑하기를 자기 같이 하고 아내도 그 남편을 경외하라"(엡 5:22-33).

하나님께서 사람을 남자와 여자로 만드시고 둘이 연합해서 한 몸을 이루도록 섭리하셨습니다. 하나님께서 창조하신 자연계나 우리에게 허락하신 가족이라는 제도 등은 다 하나님의 섭리를 깨닫도록 설계된 실상(實像)입니다. 하나님께서 창조하신 보이는 세계를 통해서 우리는 보이지 않는 영적인 세계를 깨닫게 됩니다. 찬란한 빛이 가득한 낮과 흑암이 지배하는 밤, 아름다운 하늘과 용암이 펄펄 끓는 땅속을 바라보면서 우리는 천국과 지옥이 어떤 곳인지를 알게 됩니다.

"이러므로 남자가 부모를 떠나 그 아내와 연합하여 둘이 한 몸을 이룰찌로다"(창 2:24)—결혼의 제도는 하나님께서 첫 번째로 세워 주신 인간관계의 제도입니다. 그런데 하나님께서 세워 주신 결혼 제도로 형성된 남편과 아내의 관계는 영적으로는 예수 그리스도와 교회의 관계와 같습니다. 남편은 자기를 희생해서 아내를 보살피고 사랑합니다. 예수 그리스도께서 친히 자기 몸을 드려서 교회를 깨끗게 하셔서 당신의 아내로 삼으셨습니다. 하나님의 교회는 죄가 전혀 없고 티나 흠이나 주름잡힌 것이 전혀 없는 의인들의 모임입니다. 그래서 하나님의 교회는 주님의 신부가 되기에 아무 흠결(欠缺)이 없습니다. 주님이 교회를 위해서 자기 몸을 내어 주신 것과 같이 남편들도 아내들을 위해서 자기 몸을 내어 주는 것이 마땅합니다. 또 하나님의 교회는 주님의 은혜로 말미암아 거룩하고 영광스럽게 되었으니, 교회가 주님께 순종하는 것이 마땅하듯이, 아내들도 자기를 사랑하는 남편에게 순종하는 것이 아름답고 합당합니다. 그러므로 하나님의 교회에 속한 부부들은 음행한 연고 외에는 이혼할 수 없습니다.

음행하는 교회

음행이란 자기 남편이 아닌 다른 남자와 간음하는 것을 말합니다. 남편이나 아내가 음행을 해서 부부간의 모든 신뢰가 다 깨진 경우는 주님께서도 이혼을 허락하셨습니다. 영적인 세계에서는 교회가 주님의 신부인데, 교회가 하나님 외에 다른 신을 섬기면 그것이 바로 교회의 영적 음행입니다. **"나는 너를 애굽 땅, 종 되었던 집에서 인도하여 낸 너의 하나님 여호와로라 너는 나 외에는 다른 신들을 네게 있게 말찌니라"**(출 20:2-3)—하나님께서 이스라엘 백성에게 주신 첫 번째 계명입니다. 이스라엘 백성의 남편은 여호와 하나님뿐인데, 이스라엘 백성들은 기회만 있으면 이방 여인들에게 눈길을 주고 이방인들의 우상(偶像)을 섬겼습니다. 이스라엘 민족은 그들이 하나님만을 섬겼느냐, 아니면 우상을 섬겨 영적인 간음에 빠졌느냐에 따라서 흥망성쇠(興亡盛衰)를 반복했습니다. 그들이 하나님만을 섬기는 동안에는 하나님께서 복과 평안을 주셨지만, 우상숭배에 빠졌을 때에는 그들이 이방인의 압제를 받게 하거나 극심한 재난에 허덕이게 하셨습니다. 그래서 이스라엘 백성이 자기의 악을 깨닫고 하나님 앞에 나와서 구원해 달라고 울부짖으면, 당신의 마음에 합한 종을 보내 주셔서 그들이 우상숭배의 죄악에서 돌이키게 하시고 그들을 구원해 주셨습니다.

하나님 외에 다른 것을 섬기는 우상숭배가 곧 영적인 음행입니다. 거듭나지 못한 기독교인들은 음행을 할 수밖에 없습니다. 마음에 성령님이 거하시지 않는 기독죄인들(Christian-sinners)은 악한 영의 지배를 받을 수밖에 없기 때문에, 입술로는 여호와 하나님의 이름을 부르지만 마음의 골방에는 각자 자기의 우상을 숨겨 두고 그 우상을 섬깁니다. 그들의 우상은 돈이나 명예나 권력이나 쾌락입니다. 거듭나지 못한 사람은 반드시 우상숭배를 합니다. **"누가 지혜가 있어 이런 일을 깨달으며 누가 총명이 있어 이런 일을 알겠느냐 여호와의 도는 정직하니 의인이라야 그 도에 행하리라 그러나 죄인은 그 도에 거쳐 넘어지리라"**(호 14:9)고 말씀하셨습니다. **"물과 피의 복음"**을 믿음으로 죄 사함을 받고 거듭난 의인들만이 내주(來住)하시는 성령님의 능력을 힘입어서 자기들의 마음에서 우상을 제거(除去)할 수 있고 하나님만을 참 신으로 섬길 수 있습니다. 거듭나지 못한 자들은 아무리 경건한 척을 해도 끝에 가면 다 우상숭배자로 드러납니다.

거듭나지 못한 기독교인들은 외견상 경건한 척을 엄청 잘합니다. 심지어 문둥병자의 고름을 빨아 주었던 목사도 있고 남을 구하기 위해서 불속에 뛰어드는 자들도 있습니다마는, **"진리의 사랑"**(살후 2:10)이 없다면 그런 희생도 아무 의미가 없습니다. 거듭나지 못한 기독교인들은 끝에 가면 다 우상숭배자로 드러납니다. 그들의 마음에 성령님이 거하지 않기에 그들은 그럴 수밖에 없습니다. 거듭난 성도만이 마음에서 우상을 제거함으로써 우상을 숭배하는 음행을 피할 수 있습니다. 물론 거듭난 의인들에게도 음행의 유혹은 늘 있습니다. 의인들도 육신에 거하기 때문에 음행의 유혹이 늘 있지 않습니까? 그러나 성령님의 다스리심과 하나님의 말씀이 우리를 지켜 주셔서 우리가 음행을 피할 수 있습니다. 우리는 하나님의 교회로부터 말씀을 듣고 다스림을 받음으로써 영적인 음행도 피할 수 있습니다. **"청년이 무엇으로 그 행실을 깨끗케 하리이까 주의 말씀을 따라 삼갈 것이니이다"**(시 119:9)라고 말씀하셨습니다.

세상 사람들의 인정을 받고자 하는 사람은 "영광심"이라는 우상을 자기 마음의 골방에 숨겨놓고 있습니다. "목사님! 우리가 꼭 물과 피의 복음만이 유일한 구원의 길이라고 주장하지 말고 그냥 십자가의 피만 믿는 사람들도 인정해 주면서 그런 사람들과 폭넓게 교류하면 안 됩니까?"―이렇게 주장하는 사람도 있었습니다. 여러분, 이런저런 신앙을 다 인정해 주면서 폭넓게 교류하면서 예수님을 믿으면 멸망합니다. 예수님께서 **"좁은 문으로 들어가라 멸망으로 인도하는 문은 크고 그 길이 넓어 그리로 들어가는 자가 많고 생명으로 인도하는 문은 좁고 길이 협착하여 찾는 이가 적음이니라"**(마 7:13-14)고 말씀하셨습니다.

"물과 피의 복음" 외에 다른 복음은 없습니다. 우리는 구원의 경계선을 분명히 그어야 합니다. 하나님께서 정해 놓으신 구원의 지계석(地界石)은 절대로 옮길 수 없습니다. 물과 피의 복음만이 진리의 원형복음(原形福音)입니다. 저에게 복음을 들은 사람 중에, "우리가 조금만 양보해서, '예수님의 세례를 믿지 않고도 죄 사함을 받았다'라고 고백하는 사람들도 인정해 주고 그들과 서로 손을 잡으면 우리도 이름을 날리고 이단이라는 공격도 받지 않을 터이니 그렇게 하자"라고 말한 사람이 있었습니다. 그런 자는 우상숭배자입니다. 그는 진리의 복음을 이용해서 자기의 이름을 날리고자 하는 "영광심"을 자기 마음의 골방에 우상으로 감추어 두고 섬기는 자이며 간음하는 자입니다.

영적인 음행을 경계하라

"물과 피의 복음"을 믿지 않는 교회는 절대로 예수 그리스도의 아내가 될 수 없습니다. 주님의 아내 된 교회는 오직 **"물과 피의 복음"**을 믿어서 죄 사함 받은 성도들의 모임밖에 없습니다. 거듭난 의인들의 모임이라도 영적으로 음행에 빠지면 남편이신 예수님께로부터 이혼을 당하고 버림을 받습니다. 저는 한때 물과 피의 복음을 전파했던 어떤 교회의 인도자가 묵시적(默示的)으로 시한부 종말론을 주장하다가 스스로 올가미에 걸려서 지금은 복음을 전파하는 사역보다 땅을 사서 마지막 때를 대비하는 일에 주력하고 있다는 소식을 들었습니다. 그들은 인도자를 하나님보다 더 높입니다. 그들도 결국 우상숭배에 빠진 셈입니다.

"이 비밀이 크도다 내가 그리스도와 교회에 대하여 말하노라"(엡 5:32)—이 말씀은 우리에게 큰 축복이며 영광입니다. 전능하신 예수님께서 물과 피의 복음만을 믿고 섬기는 하나님 교회의 남편이시니 우리는 두려울 것이 없고 근심할 것이 없습니다. 우리에게 무슨 문제가 있으면 남편이신 주님께로 쪼르르 달려가서 우리의 사정을 아뢰기만 하면 전능하신 주님께서 다 해결해 주십니다. 그래서 우리는 담대합니다. 우리가 지금 비록 여러 가지 어려운 문제들도 있고 간절한 영적 소원들도 있지만 저는 주님께서 모두 다 이루어 주시리라고 믿습니다.

우리는 외견상 작은 모임이지만, 거듭난 의인들만의 모임인 하나님의 교회로서는 결코 작은 교회가 아닙니다. 거듭나지 못한 무리들의 모임은 음행(淫行)하는 교회들입니다. 그들은 백만 명이 모인다고 해도 아무것도 아닙니다. 주님은 그런 교회들을 아내로 두신 적이 없습니다. 주님께서는 **"물과 피의 복음"**을 믿고 거듭난 의인들의 모임만을 당신의 아내로 삼으셔서 친히 그를 보양하시고 다스리시며 그들의 필요를 다 공급하십니다. 주님께서는 당신의 생명을 내어 주기까지 당신의 아내인 하나님의 교회를 사랑하십니다.

가장 멋진 남편이신 예수님의 사랑을 받는 우리는 다른 남자에게 한눈을 팔 수 없습니다. 하나님의 교회는 절대로 음행을 할 수 없습니다. 우리는 이 세상의 가치들(social values), 즉 돈이나 권력이나 명예나 쾌락을 좇아서 영적인 음행에 빠질 수 없습니다. 혹시 제가 그런 우상을 지향(志向)하고 좇는다면 여러분은 저에게 욕을 하고 책망을 해 주십시오. 여러분들 가운데서 영적인 음행을 하면서도 끝까지 돌이키지 않는 자가 있다면 저는 그런 자를 교회에서 내쫓을 것입니다. 하나님의 교회에서는 그런 자를 절대 용납하지 않습니다. "물과 피의 복음만이 진리라고 꼭 그렇게만 믿어야 하냐?" 하는 주장은 우상숭배를 하겠다는 말입니다. 그런 자에게는 "그래, 너는 음행(淫行)하는 사단의 회(會)에 가서 우상을 잘 섬겨라. 우리는 우리의 **"피 남편"**(출 4:26)이신 주님만을 순수하게 섬기겠다" 하며, 이혼 증서를 써 주고 그런 자를 교회에서 내쫓아야 됩니다.

주님께서 친히 우리의 남편이 되어 주셨습니다. 전능하신 주님께서 우리를 지극히 사랑하는 남편이 되셨는데 우리가 두려워하고 걱정할 것이 무엇입니까? 우리는 가장 행복한 자들입니다.

말씀을 마쳤습니다.

자기 의의 부자는
천국에 들어가지 못합니다

"때에 사람들이 예수의 안수하고 기도하심을 바라고 어린아이들을 데리고 오매 제자들이 꾸짖거늘

예수께서 가라사대 어린 아이들을 용납하고 내게 오는 것을 금하지 말라 천국이 이런 자의 것이니라 하시고

저희 위에 안수하시고 거기서 떠나시니라

어떤 사람이 주께 와서 가로되 선생님이여 내가 무슨 선한 일을 하여야 영생을 얻으리이까

예수께서 가라사대 어찌하여 선한 일을 내게 묻느냐 선한이는 오직 한 분이시니라 네가 생명에 들어 가려면 계명들을 지키라

가로되 어느 계명이오니이까 예수께서 가라사대 살인하지 말라, 간음하지 말라, 도적질하지 말라, 거짓증거하지 말라,

네 부모를 공경하라, 네 이웃을 네 몸과 같이 사랑하라 하신 것이니라

그 청년이 가로되 이 모든 것을 내가 지키었사오니 아직도 무엇이 부족하니이까

예수께서 가라사대 네가 온전하고자 할찐대 가서 네 소유를 팔아 가난한 자들을 주라 그리하면 하늘에서 보화가 네게 있으리라 그리고 와서 나를 좇으라 하시니

그 청년이 재물이 많으므로 이 말씀을 듣고 근심하며 가니라

예수께서 제자들에게 이르시되 내가 진실로 너희에게 이르노니 부자는 천국에 들어가기가 어려우니라

다시 너희에게 말하노니 약대가 바늘귀로 들어가는 것이 부자가 하나님의 나라에 들어가는 것보다 쉬우니라 하신대

제자들이 듣고 심히 놀라 가로되 그런즉 누가 구원을 얻을 수 있으리이까

예수께서 저희를 보시며 가라사대 사람으로는 할 수 없으되 하나님으로서는 다 할 수 있느니라

이에 베드로가 대답하여 가로되 보소서 우리가 모든 것을 버리고 주를 좇았사오니 그런즉 우리가 무엇을 얻으리이까

예수께서 가라사대 내가 진실로 너희에게 이르노니 세상이 새롭게 되어 인자가 자기 영광의 보좌에 앉을 때에 나를 좇는 너희도 열 두 보좌에 앉아 이스라엘 열 두 지파를 심판하리라

또 내 이름을 위하여 집이나 형제나 자매나 부모나 자식이나 전토를 버린 자마다 여러 배를 받고 또 영생을 상속하리라

그러나 먼저 된 자로서 나중 되고 나중 된 자로서 먼저 될 자가 많으니라"(마 19:13-30).

어린아이와 같은 심령이라야 죄 사함을 받습니다

오늘의 본문 말씀은 우리에게 "어떤 이가 천국에 들어가느냐?"라는 비밀을 가르쳐 주고 있습니다. 누구든지 어린아이같이 순진한 마음으로 천국 복음을 받아들이지 않으면 결단코 구원을 얻지 못합니다. 어린아이들은 자기의 고정 관념이 없기 때문에 어른이 무엇을 가르쳐 주면 철석같이 믿습니다. 우리도 하나님의 말씀을 의심하지 말고 순수하게 믿어야 합니다. 어른들은 나름대로 자기의 세계관과 가치관이 정립되어 있어서 자기 생각과 맞지 않으면 진

리의 말씀이라도 배척합니다. 예컨대 "여호와의 증인" 모임에 속한 사람들은 천국과 지옥을 믿지 않습니다. 그들은 "하나님은 사랑의 하나님인데 우리가 당신을 믿지 않는다고 영원한 지옥에 보내시겠느냐? 사랑의 하나님은 지옥을 만들지도 않았다"라고 주장합니다. 그러나 주님은 "만일 네 눈이 너를 범죄케 하거든 **빼어버리라** 한 눈으로 하나님의 나라에 들어가는 것이 두 눈을 가지고 지옥에 던지우는 것보다 나으니라 거기는 구더기도 죽지 않고 불도 꺼지지 아니하느니라 사람마다 불로서 소금 치듯 함을 받으리라"(막 9:47-49)고 말씀하셨습니다. 주님께서는 천국과 지옥이라는 영원한 세계를 분명히 만들어 놓으시고 죄인은 반드시 지옥의 심판을 받게 하십니다. 주님의 말씀을 어린아이와 같이 순진하게 그대로 믿는 자라야 죄 사함을 받고 천국의 영생에 들어갑니다.

어떤 부자 청년의 영적 문제

예수님께서 어린이들에게 안수하시고 그 자리를 떠나셨는데 어떤 사람이 주께 나와서 **"선생님이여 내가 무슨 선한 일을 하여야 영생을 얻으리이까?"** 하고 여쭈었습니다. 누가복음에 의하면 이 사람은 유대인의 관원이었고 부자였는데, 그는 내세울 것이 너무나 많은 사람이었습니다. 예수님은 하나님이시므로 그 사람의 마음밭이 어떠한지를 이미 다 아셨습니다. 그 부자 관원은 자기의 의가 충만한 사람, 즉 자기 의의 부자였습니다. 자기의 의가 많은 사람은 천국에 들어가지 못합니다. 약대(낙타)가 바늘귀로 들어갈 수 있습니까? 절대로 불가능합니다. 따라서 **"약대가 바늘귀로 들어가는 것이 부자가 하나님의 나라에 들어가는 것보다 쉬우니라"**라는 말씀은 자기 의의 부자는 결코 **"죄 사함으로 말미암는 구원"**(눅 1:77)을 받을 수 없다는 뜻입니다.

이 부자 관원은 율법주의적인 신앙을 가진 사람이었습니다. 율법주의자들은 스스로 **"율법을 잘 지키고 무엇인가 의로운 일을 해서"** 구원을 얻으려고 합니다. 그리고 자기들이 가장 율법을 잘 지킨다고 자부합니다. 영생보다 더 귀중한 것이 우리 인생에게 있습니까? 그러니 그 부자 청년은 **"선생님이여 내가 무슨 선한 일을 하여야 영생을 얻으리이까?"** 하며 참으로 중요한 질문을 들고 주님께 나왔습니다. 그런데 율법주의의 신앙노선을 쫓는 자들은 사람이 **"무슨 선한 일을 하여야"** 영생을 얻는 줄로 착각하고 있습니다. 사람이 선행을 많이 하고 율법을 철저히 지킨다고 구원을 받지는 못합니다. 우리는 결코 율법을 지키지 못하며 진정한 선을 행할 수도 없는 자들이기 때문입니다.

구원은 곧 **죄 사함**을 의미합니다. 죄 사함을 받아서 마음에 죄가 없는 자라야 천국의 영생에 들어갑니다. **"죄 사함으로 말미암는 구원"**(눅 1:77)은 하나님께서 당신의 외아들인 예수 그리스도께서 자신을 대속제물로 드려서 완성하신 **"하나님의 의"**(롬 1:17)를 우리가 믿을 때에 우리에게 거저 주시는 하나님의 선물입니다. 그런데 **"심령이 가난한 자"**(마 5:3)들, 즉 자기의 의가 전혀 없는 자들만이 **하나님의 의**를 감사함으로 믿고 받아들입니다. "주님, 저는 지옥에 가야 마땅한 죄인입니다. 저는 아무것도 내세울 것이 없는 쓰레기 같은 자입니다. 저를 불쌍히 여겨 주시옵소서" 하고 주님의 긍휼을 바라는 자들을 주님은 진리의 원형복음으로 만나 주십니다. 그리고 그들의 마음의 모든 죄를 **물과 피의 복음**으로 깨끗이 씻어서 없애 주십니다. 이렇게 자기가 지옥에 가야 할 죄인이라고 시인하는 자라야 예수님께서 **"물과 피로 임"**(요일 5:6)하셔서 이루어 주신 진리의 복음을 믿음으로 죄 사함을 받고 의인이 됩니다. 죄인이 믿음으로 의인되는 역사가 바로 **거듭남**입니다.

그런데 그 부자 관원은 재산도 많았지만 무엇보다도 자기의 옳음과 잘남이 충만해서 **하나님의 의**에 목마른 자가 아니었습니다. 주님께서는 그 사람의 마음밭이 주님의 은혜를 받을 수 없는 배부른 상태인 것을 아시고 **"어찌하여 선한 일을 내게 묻느냐 선한 이는 오직 한 분이시니라 네가 생명에 들어가려면 계명들을 지키라"** 라고 말씀하셨습니다. 그 부자 관원은 "나만큼 율법을 잘 지키는 사람이 있으면 내 앞에 나와 봐라"라는 자부심으로 예수님께 나아갔는데, 주님께서 "계명을 지키라"라고 말씀하시니까, 그는 더욱 신바람이 났을 것입니다. 그래서 그는 **"어느 계명이오니이까"** 하고 예수님께 당당하게 반문(反問)을 했습니다. 예수님께서는 **"살인하지 말라, 간음하지 말라, 도적질하지 말라, 거짓 증거하지 말라, 네 부모를 공경하라, 네 이웃을 네 몸과 같이 사랑하라 하신 것이니라"** 하고 대답해 주셨습니다. 그러자 그 부자 청년은 **"이 모든 것을 내가 지키었사오니 아직도 무엇이 부족하니이까"** 하고 되물었습니다.

이 부자 관원의 대답이 사실일까요? 그 청년이 진정 그 모든 계명들을 온전히 지켰을까요? 율법(계명)을 온전히 지킬 수 있는 자는 아무도 없습니다. 자기의 기준으로 조금 지키는 척은 할 수 있지만, 우리는 근본적으로 죄를 가지고 태어나서 평생 동안 죄를 지을 수밖에 없는 자들이며, 우리는 결코 율법을 지킬 수 없는 연약한 자들입니다. 예수님께서 말씀하신 계명들, 즉 **"살인하지 말라, 간음하지 말라, 도적질하지 말라, 거짓증거하지 말라, 네 부모를 공경하라, 네 이웃을 네 몸과 같이 사랑하라"**라는 말씀들은 진정 선하고 의로운 하나님의 말씀입니다. 그런데 문제는 우리가 이토록 선한 계명들을 결코 지킬 수 없다는 사실입니다.

그러면 지킬 수도 없는 율법을 왜 우리에게 주셨습니까? 하나님께서 우리에게 율법을 주신 이유는 우리가 율법의 거울 앞에서 자기를 비춰보고 자기가 심히 죄인인 줄을 깨닫게 하려 하심입니다. **"그러므로 율법의 행위로 그의 앞에 의롭다 하심을 얻을 육체가 없나니 율법으로는 죄를 깨달음이니라"**(롬 3:20)고 말씀하셨습니다.

"부모를 공경하라"라고 율법은 말씀하셨는데, 여러분은 부모를 공경했습니까? 공경하는 척하지만, 실제로는 우리가 부모의 속을 썩이지 않았습니까? **"살인하지 말라"**라고 하셨는데, 우리는 자기에게 손해나 상처를 준 사람이 있으면 그 사람을 미워하고 죽이고자 하는 마음이 있지 않습니까? 성경은 **"그 형제를 미워하는 자마다 살인하는 자니 살인하는 자마다 영생이 그 속에 거하지 아니하는 것을 너희가 아는 바라"**(요일 3:15)고 말씀하셨습니다. 그러면 우리는 늘 살인하는 자가 아닙니까? **"간음하지 말라"**라고 하셨는데, 주님께서는 이 계명이 요구하는 절대 선의 수준을 가르쳐 주시면서, **"여자를 보고 음욕을 품는 자마다 마음에 이미 간음하였느니라"**(마 5:28)고 말씀하셨습니다. 그렇다면 저와 여러분은 날마다 간음하는 자들이 아닙니까? 이와 같이 율법의 계명들은 우리의 마음속 깊은 곳까지 적용되는 하나님의 절대선(絶對善)의 기준이기 때문에, 우리는 결코 율법을 지킬 수 없고, 마음이 정직한 사람은 날마다 율법을 범하는 자신을 발견하고 신음하게 됩니다.

하나님께서는 우리의 죄악상을 드러내기 위해서 우리에게 계명들을 주셨습니다. **"도둑질 하지 말라"**라는 계명은 "너는 죽을 때까지 도둑질하는 도둑놈이다"라고 우리의 실체를 지적합니다. **"간음하지 말라"**라는 계명은 "너는 음란하며 간음하는 놈이다"라고 우리의 근본 모습을 드러냅니다. **"거짓 증거하지 말라"**라는 계명은 우리가 항상 거짓말하는 자라고 지적합니다. "우상을 숭배하지 말라"라는 계명은 우리가 우상숭배를 하는 자라고 지적합니다. 하나님보다 더 사랑하는 것이 우상입니다. 그런데 우리는 하나님보다 자기 자신이나 돈을 더 사랑하지 않습니까? **"율법으로는 죄를 깨달음이니라"**(롬 3:20)는 말씀대로, 우리는 계명이라는 영적인 거울 앞에 서야 비로소 자기의 모습을 적나라하게 보게 됩니다.

모든 율법은 **"네 마음을 다하고 생명을 다해서 하나님을 사랑하라"**라는 계명과 **"네 이웃을 네 몸같이 사랑하라"**라는 두 계명으로 요약됩니다. 이 두 계명이 **율법의 대강령(大綱領)**입니다. 그런데 우리가 이웃을 **"내 몸같이"** 사랑할 수 있는 자입니까? 우리는 결코 이웃을 **"내 몸같이"** 사랑할 수 없는 자들입니다. 우리는 자기만을 사랑하는 이기적인 존재들입니다. "내 손톱 밑의 가시가 남의 염통 곪는 것보다 더 아프다"라는 속담도 있지 않습니까?

저는 거듭나기 전에 공동체 운동을 했었습니다. 내가 대학교수로 번 돈을 내어놓고 몇몇 사람들과 함께 공동생활을 하면서 길거리의 부랑아를 한 명 입양해서 제 아이들과 함께 초등학교에 보냈습니다. 그 아이는 제 큰애보다 두 살 위였는데 교장선생님에게 부탁을 해서 제 큰애와 한 반에서 공부를 하게 해 주었습니다. 그런데 이 아이가 학교를 파하면 제일 먼저 집에 돌아와서는 냉장고를 뒤져서 동생들의 간식까지 다 먹어 치운다는 얘기를 아내에게 듣곤 했습니다. 저는 그때마다 그 아이에게 화를 냈던 기억이 납니다. 그 녀석이 그동안 얼마나 배를 곯았으면 그렇게 했겠습니까? 만일 내 친자식들이 그렇게 허겁지겁 먹었다는 얘기를 들었다면 저는 아내에게 "그래요? 더 많이 사다 넣어주세요!" 하고 흐뭇해했을 것입니다. 그런데 그 아이에게는 그렇게 각박했습니다. "똥이 촌수를 가린다"라는 속담이 있지 않습니까? 솔직히 저는 저의 친자식들과 입양아를 똑같이 사랑하지 못하는 자였습니다. 우리는 근본 이기적이고 자기 중심적이고 음란하고 거짓된 존재들입니다. 우리는 자기가 그렇게 쓰레기만도 못한 자라고, 그래서 아무것도 내세울 것이 없는 죄인이라고 인정해야 합니다. 그런 자만이 하나님의 의에 주리고 목말라하다가 주님을 만나게 됩니다.

베데스다(Bethesda) 연못가에는 많은 병자와 장애인들이 있었습니다. 그들은 연못의 물이 움직일 때에 누구든지 제일 먼저 연못에 들어가는 자는 병이 낫는다는 전설을 믿고 눈이 빠지라고 연못 물만 바라보고 있었습니다. 다른 사람보다 부지런하고 간절해야 일등을 할 수 있습니다. 그리고 자기의 열심이나 행위로 일등을 하는 자들이 인정을 받는 곳이 바로 기독교라는 종교의 세계입니다. 오늘의 본문 제일 끝의 말씀에, **"먼저 된 자로서 나중 되고 나중 된 자로서 먼저 될 자가 많으니라"**라고 주님께서 말씀하셨는데, 인간의 의, 잘남, 지식 등에서 "내가 너보다 낫다"라는 사람들이 모여 있는 곳이 종교의 세계이며, 자기의 의를 쌓아서 일등이 되고자 하는 자들이 종교인입니다. 기독교 종교인들은 예수님을 만날 수 없습니다.

베데스다(Bethesda) 연못가의 병자 중에 누가 예수님을 만났습니까? 너무나 오랜 지병으로 쇠약해져서 수족(手足)조차도 제대로 움직일 수도 없기에 오직 하나님의 긍휼만을 바라던 38년 된 병자가 예수님을 만났습니다. "주님, 저는 율법으로 하면 도저히 일등을 하지 못하겠습니다. 아니 일등은 고사하고 여기 있는 모든 사람들 중에 가장 꼴찌입니다. 주님께서 저를 구원해 주시지 않으면 저는 지옥에 가야 마땅한 자입니다. 저를 불쌍히 여겨 주십시오"—여러분은 그렇게 고백하는 자, 즉 **"심령이 가난한 자"**가 되어 있습니까? 우리가 오늘의 본문에 등장한 부자 청년만 비판할 것이 아닙니다. 여러분의 마음 안에도 이 부자와 같이 높아진 마음이 있다면 여러분은 지금 돌이켜서 회개해야 합니다.

자기의 꼬락서니를 모르는 의의 부자들

그 부자 청년은 "이 모든 것을 내가 지키었사오니 아직도 무엇이 부족하니이까"하고 대답했습니다. 그의 말은 자기 꼬락서니를 몰라도 너무 모르고 지껄인 새빨간 거짓말입니다. 주님께서는 **"네가 온전하고자 할찐대 가서 네 소유를 팔아 가난한 자들을 주라 그리하면 하늘에서 보화가 네게 있으리라 그리고 와서 나를 좇으라"**라고 말씀하셨습니다. 그가 만일 **"네 이웃을 네 몸같이 사랑하라"**라는 계명을 온전히 지키기를 원한다면, 그는 자기의 재산을 다 팔아서 가난한 자들에게 나누어 주는 것이 마땅합니다. 그런데 그 부자 청년은 자기 꼬락서니를 너무 모르고 내뱉은 말이 거짓말이라고 들통났고, 또 재산도 팔 마음이 전혀 없어서 근심하며 예수님을 떠나갔습니다.

이제 예수님 곁에는 주님의 제자들만 남았습니다. 예수님은 제자들에게 **"부자는 천국에 들어가기가 어려우니라 다시 너희에게 말하노니 약대가 바늘귀로 들어가는 것이 부자가 하나님의 나라에 들어가는 것보다 쉬우니라"**라고 말씀하셨습니다. 고등비평학자들은

"아브라함이나 다윗은 큰 부자였는데 하나님의 종으로 큰 축복을 받았다. 따라서 재물의 부자가 천국에 들어가지 못한다는 말씀은 모순이다. 그리스어를 비교해 보면 '약대'(kamelon)와 '굵은 밧줄'(kamilon)이라는 단어들이 비슷한데, 그러므로 이 말씀은 성경의 사본을 만들기 위해서 성경을 베껴 쓰던 서기관들이 '밧줄'을 '약대'로 잘못 필사(筆寫)한 것으로 봐야 한다"라고 주장합니다. 그러니까 낙타가 바늘귀로 들어가는 것은 불가능하지만, "굵은 밧줄"(thick rope)은 바늘귀로 들어갈 가능성이 어느 정도 있다는 의미로 그들은 해석하고자 그런 주장을 편 것입니다. 그러나 성경에 기록된 단어는 분명하게 "약대" 곧 낙타입니다. 그리고 이 말씀은 자기 의의 부자가 천국에 들어가는 것은 불가능하다는 뜻입니다. 낙타가 어떻게 바늘귀로 들어갑니까? 그것은 도저히 불가능한 일입니다.

여러분의 마음에 자기의 옳음이나 잘남이 가득해서 하나님의 말씀을 거스르고 있다면 그것은 어린아이와 같은 심령이 아닙니다. 우리의 마음에 들어앉아 있는 고집과 편견들, 교만과 자기의 의로움의 착각들은 다 부숴져야 합니다. 그래서 우리가 고운 가루로 되어야만 주님께서 우리를 새로 빚어 주실 수 있습니다. 소제(燒祭)의 제사는 고운 가루로 드립니다. 자기 속에 자리 잡고 있으면서 하나님을 대적하는 골칫덩어리들—자기 옳음의 덩어리, 잘못된 지식의 덩어리, 자기 잘남의 덩어리, 자기 권위의 덩어리, 종교적 경력의 덩어리, 하나님께로 나아가는 길목을 차단하고 있는 옛 종교의 끈끈한 인간관계의 덩어리—이런 것들을 다 깨부숴야 합니다. 그래서 우리 자신을 고운 가루로 만들어야 합니다. 그래야만 주님께서 기뻐 받으시는 **"거룩한 산 제사"**(the living sacrifice, 롬 12:1)

를 소제(燒祭)로 드릴 수 있습니다.

사람으로서는 결코 이룰 수 없는 구원의 역사를 하나님께서 해 주셨습니다

"제자들이 듣고 심히 놀라 가로되 그런즉 누가 구원을 얻을 수 있으리이까 예수께서 저희를 보시며 가라사대 사람으로는 할 수 없으되 하나님으로서는 다 할 수 있느니라"(마 19:25-26).

아무도 자기 스스로의 힘과 능력으로는 결코 **"죄 사함으로 말미암는 구원"**(눅 1:77)을 이룰 수 없습니다. 자기의 노력과 선행과 희생으로는 죄 사함을 받을 수 있는 사람은 결코 없습니다. 성경은 **"내가 내게 있는 모든 것으로 구제하고 또 내 몸을 불사르게 내어 줄찌라도 사랑이 없으면 내게 아무 유익이 없느니라"**라고 말씀합니다. **"진리의 사랑"**(살후 2:10)으로 말미암는 구원은 오직 하나님께서 완성시키셔서 우리에게 주시는 선물입니다. 그래서 주님께서 **"사람으로는 할 수 없으되 하나님께서는 다 할 수 있느니라"**라고 말씀하신 것입니다.

우리는 구제불능의 죄 덩어리였는데 하나님께서 우리를 **"이처럼 사랑하사"**(요 3:16) 독생자를 우리의 구원자(Savior)로 보내 주셨고, 하나님의 외아들이신 예수님은 육신을 입고 **"물과 피로 임"**(요일 5:6)하셔서 우리를 모든 죄에서 온전히 구원해 주셨습니다. 인류 전체의 죄를 대속할 화목제물(the propitiation)로 오신 하나님의 아들 예수 그리스도께서는 인류의 대표자인 세례 요한에게 세례를 받으심으로 우리의 모든 죄를 단번에 담당하시고, **"세상 죄를 지고 가는 하나님의 어린양"**(요 1:29)이 되셨습니다. 주님은 십자가에 못 박혀서 당신의 피를 다 쏟으신 후에 **"다 이루었다"**(요 19:30)라고 외치며 돌아가셨습니다. 주님은 장사되셨다가 사흘 만에 부활하심으로 우리의 모든 죄를 깨끗이 대속(代贖)하셨음을 확증해 주셨습니다. 그러므로 이제 이 진리의 원형복음을 믿는 우리에게는 죄가 없습니다. 우리는 구원자이신 주님의 **"그 은혜를 인하여 믿음으로 말미암아 구원"**(엡 2:8)을 얻고 하나님의 자녀가 되었습니다.

주님께서 **"물과 피로 임"**(요일 5:6)하셔서 우리를 모든 죄에서 온전히 구원해 주셨다는 진리의 원형복음(原形福音)이 주님께서 **"처음부터"**(요일 2:24) 우리에게 주신 유일한 복음입니다. 우리가 어린아이 같은 심령으로 이 진리의 원형복음을 온전히 믿을 때에 우리의 마음은 흰 눈같이 깨끗하게 죄 사함을 받고 거룩한 하나님의 자녀가 됩니다. 그러므로 오직 **"그 은혜를 인하여 믿음으로 말미암아 구원"**(엡 2:8)을 얻은 우리가 하나님과 사람들 앞에 내세울 것이 있습니까? 결코 없습니다. 우리는 그저 주님의 은혜에 감사하고 하나님께 황감(惶感)할 따름입니다.

저도 전에는 자기의 잘남과 옳음이 많은 자였습니다. 저도 나름대로 의롭고 선하게 살아보려고 발버둥쳤던 종교인이었습니다. 제가 교수로 재직했던 시절에는 택시를 타는 것조차 저는 죄로 여겼었습니다. 제가 그 돈을 아끼면 거지들에게 빵을 사줄 수 있었기 때문입니다. 그 당시의 저는 율법의 의로 말하자면 누구에게도 뒤지지 않는다고 자부했었습니다. 그렇게 자기의 의로는 누구보다 먼저 된 자였는데, 그런 인간의 의 때문에 진리의 원형복음이 제 마음에 역사되는 데에는 오랜 시간이 걸렸습니다. **"먼저 된 자로서 나중 되고 나중 된 자로서 먼저 될 자가 많으니라"**라는 말씀대로,

베데스다 연못가의 38년 된 병자처럼, 아무것도 내세울 것이 없는 자라야 하나님 나라에서 은혜를 입는 데에는 먼저가 됩니다. 이것이 하나님 나라의 비밀입니다.

여러분은 하나님의 말씀을 들을 때에 진정으로 **"심령이 가난한 자"**(마 5:3)가 되어서 하나님의 은혜를 입는 데에는 먼저 된 자들이 되기를 바랍니다.

말씀을 마쳤습니다.

행위가 아니라 믿음으로 얻는 구원

"천국은 마치 품꾼을 얻어 포도원에 들여보내려고 이른 아침에 나간 집 주인과 같으니

저가 하루 한 데나리온씩 품꾼들과 약속하여 포도원에 들여보내고

또 제 삼 시에 나가보니 장터에 놀고 섰는 사람들이 또 있는지라

저희에게 이르되 너희도 포도원에 들어가라 내가 너희에게 상당하게 주리라 하니 저희가 가고

제 육 시와 제 구 시에 또 나가 그와 같이하고

제 십일 시에도 나가 보니 섰는 사람들이 또 있는지라

가로되 너희는 어찌하여 종일토록 놀고 여기 섰느뇨 가로되 우리를 품꾼으로 쓰는 이가 없음이니이다 가로되 너희도 포도원에 들어가라 하니라

저물매 포도원 주인이 청지기에게 이르되 품꾼들을 불러 나중 온 자로부터 시작하여 먼저 온 자까지 삯을 주라 하니

제 십일 시에 온 자들이 와서 한 데나리온씩을 받거늘

먼저 온 자들이 와서 더 받을 줄 알았더니 저희도 한 데나리온씩 받은지라

받은 후 집 주인을 원망하여 가로되

나중 온 이 사람들은 한 시간만 일하였거늘 저희를 종일 수고와 더위를 견딘 우리와 같게 하였나이다

주인이 그 중의 한 사람에게 대답하여 가로되 친구여 내가 네게 잘못한 것이 없노라 네가 나와 한 데나리온의 약속을 하지 아

니하였느냐

 네 것이나 가지고 가라 나중 온 이 사람에게 너와 같이 주는 것이 내 뜻이니라

 내 것을 가지고 내 뜻대로 할 것이 아니냐 내가 선하므로 네가 악하게 보느냐

 이와 같이 나중 된 자로서 먼저 되고 먼저 된 자로서 나중 되리라"(마 20:1-16).

 지난 주간에 여러분과 나눈 마태복음 19장의 제일 끝에 "**그러나 먼저 된 자로서 나중 되고 나중 된 자로서 먼저 될 자가 많으니라**"(마 19:30)라는 말씀이 있었는데, 오늘의 말씀에도 "**이와 같이 나중 된 자로서 먼저 되고 먼저 된 자로서 나중 되리라**"(마 20:16)라는 말씀이 있습니다. 따라서 오늘의 본문 말씀도 "어떤 자가 구원을 받느냐?"라는 비밀을 계시하는 말씀입니다. "**심령이 가난한 자는 복이 있나니 천국이 저희 것임이요**"(마 5:3)라고 말씀하셨습니다. 심령이 가난한 자가 천국을 차지합니다. "**심령이 가난한 자**"(the poor in spirit)란 자기의 악함과 부족을 인정하고 하나님의 은혜를 구하는 자입니다. 그와 반대로 "**심령이 부유한 자**"란 자기의 옳음과 잘남이 충만해서 다른 사람보다 자신을 높이는 교만한 사람입니다. 영적인 부자들이 천국에 들어가는 것은 낙타가 바늘귀로 들어가는 것보다 어렵습니다. 그런 사람은 그의 잘남이나 옳음이 다 깨어지기 전에는 하나님의 나라에 들어가지 못합니다.

종교인과 신앙인의 차이

　종교(宗敎)는 율법의 행위를 추구합니다. 즉 자기의 의를 쌓아서 그것으로 하나님과 다른 사람들의 인정을 받으려는 노선이 종교입니다. 종교의 세계에서는 사람의 선한 행위를 높이고 중시하기 때문에 어떤 종교든 자기들 중에 거룩한 인물들을 많이 내세웁니다. 가톨릭교회는 수많은 성인 성녀들을 세워서 자랑하고, 불교(佛敎)도 수많은 고승(高僧)과 대사(大師)들을 신격화(神格化)합니다. 종교는 사람을 높이고 따릅니다. 사람이 수도(修道) 정진(精進)하면 하나님의 경지에 이를 수 있다는 소망이 지배하는 곳이 종교입니다.

　그러나 사람은 아무리 자신을 갈고 닦아봐야 근본 죄 덩어리일 뿐입니다. 연탄을 열심히 씻고 닦는다고 하얗게 될 수 없듯이, 근본적으로 죄에 오염된 우리를 개선하고 개조해서 거룩해질 수는 결코 없습니다. 우리는 그냥 쓰레기 같은 존재일 뿐입니다. 그래서 자기의 실존을 제대로 깨달은 사람은 자신이 도저히 구제불능의 존재라는 사실을 인정하고, **"심령이 가난한 자"**가 되어서 오직 하나님의 구원을 바라게 됩니다. 하나님께서는 그렇게 **"심령이 가난한 자"**를 진리의 복음으로 만나 주셔서 그가 모든 죄에서 구원을 받게 하십니다.

　믿음(신앙)은 사람의 의를 내세우지 않고 오직 주님께서 우리를 구원하신 복음을 믿음으로 쫓아갑니다. 인간의 행위와 공로를 강조하는 자들이 종교인이라면, 신앙인은 하나님의 사랑과 하나님의 의를 전적으로 높이고 의지합니다. 포도원 품꾼의 비유인 오늘의 본문 말씀은 종교인과 신앙인을 대조적으로 보여 줍니다. 이 말씀은

"우리가 하나님의 부르심을 받았을 때에 누가 먼저 구원의 삯을 받느냐?"라는 질문에 대답을 주고 있습니다. 오늘의 본문 말씀을 보면, 아침 일찍부터 포도원에 들어와서 공로를 쌓은 종교인들이 먼저 한 데나리온을 받은 것이 아니라 한 일이 아무것도 없는 자들이 먼저 한 데나리온을 받았습니다. 하나님 앞에서 자기의 의로움이나 공로가 전혀 없어서 아무 할 말이 없는 자가 먼저 하나님의 은혜를 입고 구원의 은총을 누립니다. 우리가 죄로부터 구원을 받는 것은 우리의 행위로 말미암지 않고 오직 하나님께서 완성하셔서 선물로 주시는 구원의 은혜를 입음으로만 가능합니다.

포도원 품꾼의 비유

어떤 포도원의 주인이 아침 일찍 나가서 하루 품삯으로 한 데나리온을 주기로 하고 품꾼들을 불러 모아 포도원에 들여보냈습니다. 그 주인은 제삼 시에, 즉 지금 시간으로 하면 아침 9시에 또 나가서 품꾼들을 불러들였고, 또 정오에도 그렇게 했습니다. 그리고 오후 3시에도 품꾼들을 불러들였고 마지막으로 오후 5시에도 품꾼들을 불러서 포도원에 들여보냈습니다. 오후 5시면 이제는 일을 마칠 시간입니다. 건설현장에서 일하는 분들은 그 시간이 되면 더 이상 일을 하지 않고 삽이나 망치 같은 연장들이나 챙깁니다. 그러니 제 11시, 즉 지금 시간으로 치면 오후 다섯 시에 포도원에 들어온 사람은 일한 것이 거의 없었습니다.

이제 품꾼들에게 품삯을 주는 시간이 되었습니다. 그런데 주인은 청지기에게 **"품꾼들을 불러 나중 온 자로부터 시작하여 먼저 온 자까지 삯을 주라"**라고 명했습니다. 그것도 조금 이상하지 않습니까? 세상 이치대로 한다면, 아침 일찍 들어와서 하루 종일 수고한 품꾼들이 먼저 삯을 받는 것이 보통입니다. 아무튼 오후 다섯 시에 들어와서 아무 한 일도 없었던 품꾼들이 먼저 한 데나리온을 받아가는 것을 보고, 제일 먼저 포도원에 들어와서 하루 종일 일한 품꾼들은 "이 주인은 참으로 너그러운 분이구나! 우리에게는 더 많이 주겠구나!" 하고 잔뜩 기대를 하고 있었습니다. 그런데 오후 3시에 들어온 사람에게도 한 데나리온을 주고, 정오부터 일한 사람에게도 한 데나리온을 주더니 아침 9시에 들어온 자들에게도 한 데나리온을 주는 것이었습니다. 그리고 꼭두새벽부터 일했던 자들도 겨우 한 데나리온을 받았습니다. 그들은 드디어 주인에게 불만을 터트렸습니다.

인간의 생각과 맞지 않는 구원의 법

"아니 이게 뭡니까? 오후 다섯 시에 들어와서 아무 일도 하지 않은 저 사람들에게 한 데나리온을 주신다면, 새벽 여섯 시부터 일한 우리에게는 최소한 두 데나리온은 주셔야 하지 않습니까?" 하고 그들 중 한 사람이 포도원의 주인에게 따졌습니다. 포도원의 주인은 "친구여 내가 네게 잘못한 것이 없노라 네가 나와 한 데나리온의 약속을 하지 아니하였느냐 네 것이나 가지고 가라 나중 온 이 사람에게 너와 같이 주는 것이 내 뜻이니라 내 것을 가지고 내 뜻대로 할 것이 아니냐 내가 선하므로 네가 악하게 보느냐 이와 같이 나중 된 자로서 먼저 되고 먼저 된 자로서 나중 되리라"(마 20:13-16)고 그를 책망했습니다.

이 비유 말씀에서 포도원의 주인은 우리의 주님입니다. 또 한 데나리온은 구원의 은혜를 의미합니다. **"내 것을 가지고 내 뜻대로 할 것이 아니냐"** 라는 말씀은, 구원의 은혜는 전적으로 주님 편에서 완성해서 우리에게 주시는 선물이라는 뜻입니다. 우리가 무슨 의를 행하고 공로를 쌓았다고 그 대가로 구원의 선물을 받는 것이 아닙니다. 그런데 종교인들은 자기들이 천국 영생에 들어갈 만한 공로가 있다고 주장합니다. 천국 영생에 들어갈 만한 자격과 공로를 스스로 갖춘 자는 결코 없습니다. 우리 모두는 지옥에 가야 마땅한 죄인들입니다. 그런 자들을 불러서 값없이 구원의 은혜를 입혀 주시는 선하신 하나님을 "불공평하고 악한" 분으로 폄하하는 자들이 바로 종교인입니다.

죄인들이 천국 영생에 들어가는 길은 진리의 복음을 믿음으로 **"죄 사함으로 말미암는 구원"** (눅 1:77)의 은총을 입는 길뿐입니다. 그 외에 다른 길이 전혀 없습니다. 그러면 어떤 자가 구원의 복음을 감사하며 먼저 믿음으로 받아들입니까? 오후 다섯 시에 포도원에 들어온 자들처럼, 자기 자신은 하나님 앞에서 아무것도 내세울 것이 없다고 시인하는 자, 즉 **"심령이 가난한 자"** 입니다. 반대로 새벽 여섯 시부터 포도원에 들어와서 포도원에서 많은 일을 했노라고 자부하는 자들, 즉 심령이 부유한 자들은 한 데나리온의 품삯을 받고도 감사하지를 않습니다. 그렇기 때문에 주인에게 불만을 드러내고 아마 마음으로는 "나는 이런 것을 받기 싫다"라고 한 데나리온을 땅에 내던졌을 것입니다.

주님은 누가 구원의 은혜를 먼저 입느냐는 비밀에 대해서, **"이와 같이 나중 된 자로서 먼저 되고 먼저 된 자로서 나중 되리라"(마 20:16)** 고 말씀하셨습니다. 육신적인 사람들은 이 비밀을 이해하기가 쉽지 않습니다. 우리 인간들은 너무나 인과응보(因果應

報)의 법칙이나 권선징악(勸善懲惡)의 도덕률에 지배를 받아 왔기 때문에 대부분의 사람들은 "착하게 살면 천국에 가고 악하게 살면 지옥에 간다"라고 생각합니다. 대부분의 사람들은 "흥부 놀부의 동화도 모르냐? 흥부는 부러진 제비의 다리를 치료해 주었는데 제비가 박씨를 물어다 주어서 큰 부자가 되었고, 놀부는 제비 다리를 일부러 부러뜨렸다가 큰 화를 입지 않았더냐" 하는 동화들로 세뇌(洗腦)되어 있습니다. 그래서 많은 기독교인들조차 여전히 공로를 쌓아서 하나님의 인정을 받으려 하고 율법의 행위를 강조합니다. 기독교인들이 어떤 사람을 믿음이 좋은 사람으로 인정합니까? 그들은 화도 안 내고, 헌금을 잘하고, 새벽 기도를 빠지지 않고, 봉사 활동을 잘하고, 교회에 충성하는 사람을 "천국에 갈 믿음 좋은 사람"이라고 인정합니다.

그러나 **"죄의 삯은 사망"(롬 6:23)**입니다. 천국은 마음에 죄 사함을 받은 의인들만 들어가는 곳입니다. 새벽부터 포도원의 품꾼으로 일했던 사람처럼, 어려서부터 교회에 다니며 율법을 잘 지키려고 노력했다고 자기 마음의 죄가 사라집니까? 아무리 외모를 가다듬고 율법을 잘 지키는 척을 해도 마음에 죄가 있으면 지옥의 판결을 면할 길이 없습니다.

주인이 포도원의 품꾼들에게 나눠준 **"한 데나리온"**은 하나님의 구원을 의미합니다. 어떤 자가 먼저 하나님께로부터 구원의 은혜를 입습니까? 자기는 아무것도 일한 것이 없고 내세울 것이 없다고 진솔하게 고백하는 자가 먼저 구원의 은혜를 입습니다. 우리는 하나님 앞에 자랑할 것이 아무것도 없습니다. 사도 바울은 **"누가 주께 먼저 드려서 갚으심을 받겠느뇨"(롬 11:35)** 하고 반문했습니다. 먼저 자기의 공로를 들고 나가서 그 보상으로 하나님의 구원을 얻을 사람은 아무도 없습니다. 하나님께 드려서 인정을 받을 만한 선한 것이 우리에게 있습니까? 전혀 없습니다. 우리에게서 나오는 것은 다 죄악으로 오염된 것들뿐이고 쓰레기와 같은 것들뿐입니다.

"**만물보다 거짓되고 심히 부패한 것은 마음이라 누가 능히 이를 알리요마는**"(렘 17:9)—성경은 우리의 근본 모습에 대해서 적나라하게 말씀합니다. 죄로 오염된 우리의 마음은 "**만물보다 거짓되고 심히 부패한 것**"입니다. 만물 중에는 똥도 있는데, 우리의 마음은 똥보다도 더 더럽고 거짓되기까지 합니다. 그래서 자기가 잘났다고 자랑하는 것은 "내 똥이 네 똥보다 색깔이 더 좋고 냄새도 더 좋다"라고 자랑하는 것과 다름없습니다. 우리의 근본 재료가 똥보다도 더 더러운 마음인데, 그 잘난 재료를 가지고 무엇을 만들든 그것으로 귀한 손님에게 대접할 수 있겠습니까? 똥을 말려서 가루로 만들고 다시 반죽해서 떡을 빚고 기름에 튀긴들 그것을 하나님께서 기뻐하며 받으시겠습니까? 우리는 자기가 근본 똥만도 못한 존재라는 사실을 인정해야 합니다.

우리는 "**나중 된 자**," 즉 베데스다 못가의 38년 된 병자와 같은 심령이 되어야 합니다. 제 11시에 포도원에 들어와서 하나님 앞에 아무것도 내세울 것이 없는 자라야 자기의 의에 있어서 "**나중 된 자**"가 됩니다. 그런 자는 주인이 "**한 데나리온**"을 주시면 그냥 황감할 뿐입니다. 베데스다 못가의 38년 된 병자와 같은 자를 불쌍히 여기셔서 영생의 구원을 주시려고, 성자 하나님이신 예수님이 우리와 같은 비천하고 연약한 육신을 입고 이 땅에 오셨습니다. 주님은 우리의 모든 부패한 것과 악한 것과 저주받을 죄와 허물을 세례로 단번에 담당하시고 당신을 십자가에 제물로 드려서 단번에 깨끗이 갚아 주셨습니다. 우리의 죄를 깨끗하게 없애 주신 주님의 공로, 오직 그것만을 믿고 감사하며 받아드릴 때에 한 데나리온의 구원의 선물이 우리에게 임합니다. 하나님 앞에서 유구무언인 사람들이 먼저 구원의 **"한 데나리온"**을 받습니다.

꼭두새벽부터 포도원에서 일했다고 자기 공로를 자랑하며 내세우는 자들은 하나님께서 은혜로 베푸시는 구원의 선물을 달갑게 여기지 않습니다. 그들은 포도원 주인의 행사에 불만이 많습니다. 그들은 자기와 같이 공로를 많이 쌓은 자가 먼저 한 데나리온을 받아야 마땅하다고 생각합니다. 또 만일 창녀나 세리와 같은 자들이 한 데나리온을 받는다면 자기는 열 데나리온을 받아야 마땅하다고 생각합니다. 그들은 자기들이야말로 율법을 잘 지켰고, 자기들의 공로는 하나님의 인정을 받기에 충분하다고 자부합니다. 그러나 사람이 율법을 잘 지켜서 구원을 받을 길은 전혀 없습니다.

"사람이 의롭게 되는 것은 율법의 행위에서 난 것이 아니요 오직 예수 그리스도를 믿음으로 말미암는 줄 아는 고로 우리도 그리스도 예수를 믿나니 이는 우리가 율법의 행위에서 아니고 그리스도를 믿음으로서 의롭다 함을 얻으려 함이라 율법의 행위로서는 의롭다 함을 얻을 육체가 없느니라"(갈 2:16).

하나님께로부터 "너는 의롭다. 너는 죄가 없기에 천국에 들어올 자격이 충분하다"라고 인정을 받는 것이 구원입니다. 여러분, **"구원을 받다"**라는 말과 동일한 영적 표현들을 열거해 봅시다. "의롭다 함을 얻다," "죄 사함을 받다," "거듭나다," "의인이 되다," "성도가 되다," "영생을 얻다," "하나님 자녀가 되다," "천국에 들어간다," "성령을 선물로 받다," "하나님께 속하다," "빛에 속하다," "영의 눈을 뜨다," "그리스도의 신부가 되다"…등등 **"구원을 받다"**라는 말의 동의어는 많습니다. 물과 피의 복음을 믿어서 모든 죄의 사함을 받고 마음에 한 점의 죄도 없어야만 의인으로 거듭나며 성령을 선물로 받습니다.

그런데 소위 복음주의자들이나 구원파(救援派) 무리들은 진리의 원형복음(原形福音)을 알지도 못하면서 "나는 죄 사함을 받았고, 나는 거듭난 의인이다"라고 주장합니다. 그런 주장은 자기 확신에 불과합니다. 아무리 자기가 구원의 확신이 있다고 해도 하나님께서는 그런 확신을 인정하시지 않습니다. 만일 우리가 **"물과 피로 임"**(요일 5:6)하신 예수 그리스도 밖에서 **"죄 없다 하면 스스로 속이고 또 진리가 우리 속에 있지 아니할 것"**(요일 1:8)이기 때문입니다. 또한 사람이 꼭두새벽부터 포도원에 나와서 많은 공로를 세웠다고 구원을 얻는 것도 아닙니다. 오직 주님께서 진리의 원형복음으로 우리를 부르신 그 부르심에 응답한 자들에게 값없이 선물로 주시는 것이 구원의 은총입니다. 그래서 진정 거듭난 자들은 주님 앞에 아무 내세울 것이 없습니다. 다만 자기와 같은 죄 덩어리를 사랑하셔서 일방적으로 구원의 은총을 베풀어 주신 하나님께 감사와 찬미를 드릴 뿐입니다.

세례 요한은 율법의 의로써는 모든 사람 중에 가장 큰 자였습니다. 세례 요한은 나면서부터 나실인으로 드려졌고 광야에 거하면서 육신의 욕망을 철저하게 경계하며 하나님의 뜻을 좇아 거룩한 삶을 살았습니다. 그런데 예수님께서는 세례 요한을 가리켜, **"여자가 낳은 자 중에 세례 요한보다 큰이가 일어남이 없도다 그러나 천국에서는 극히 작은 자라도 저보다 크니라"**(마 11:11)고 말씀하셨습니다. 인간의 의로는 전 인류 중에 일등이었던 세례 요한도 자기의 의를 가지고는 절대로 천국에 못 들어간다는 말씀입니다. 우리를 천국으로 들어가게 하는 하나님의 의는 세례 요한이 쌓은 모든 의보다 비교할 수 없이 크다는 뜻입니다.

　그러므로 우리는 자기의 추악한 꼬락서니를 정직하게 인정하고 자기의 공로나 또 영적 자부심은 다 부숴 버려야 합니다. 우리는 가장 작은 자, 즉 아무것도 자랑할 것 없는 유구무언(有口無言)의 심령이 되어야만, 하나님 편에서 홀로 완성하셔서 우리에게 선물로 주시는 **하나님의 의**를 예복으로 받아 입고 천국의 영생에 들어갈 수 있습니다. "**죄 사함으로 말미암는 구원**"(눅 1:77)은 전적으로 하나님께서 완성하셔서 우리에게 주시는 선물입니다. 하나님 아버지께서 당신의 외아들을 우리에게 보내 주셨고, 성자 하나님이신 예수님께서 "**물과 피로 임**"(요일 5:6)하셔서 우리의 모든 죄를 단번에 없애 주셨습니다. 하나님의 구원의 사역에는 우리의 공로가 끼어들 자리가 눈곱만큼이라도 없습니다. 하나님 편에서 일방적으로 완벽하게 우리의 죄를 깨끗이 없애 주시고 누구든지 **하나님의 의**를 믿음으로 당신의 구원의 선물을 받으라고 주님께서는 말씀하십니다.

　누가 먼저 하나님의 부르심에 응답해서 구원을 받았습니까? 제11시에 포도원에 들어온 자, 즉 자기의 공로나 잘남이나 의로움이 하나도 없다고 인정하는 자가 먼저 구원을 받았습니다. 꼭두새벽부터 일한 공로를 주장하는 자들은 한 데나리온을 받고서 감사하기는커녕 화만 냈습니다. 자기의 의, 즉 스스로 지어 입은 무화과 나뭇잎 옷을 다 벗어버리지 않고서 그 위에 가죽옷을 입으면 무화과 나뭇잎들이 속에서 피부를 쓸어서 괴롭기만 합니다. 자기의 의를 온전히 부인하지 않고 진리의 원형복음을 믿고 쫓으려고 하면 가죽옷이 주는 평안과 기쁨을 온전히 누릴 수 없습니다.

　여러분은 여전히 자기가 잘났고 의롭다고 생각합니까? 저는 눈곱만큼도 자랑할 것이 없습니다. **"심령이 가난한 자"**(마 5:3)는 하나님 앞에서 유구무언의 심령이 된 자입니다. 하나님께서는 자기의 의에 있어서 **"나중 된 자"**에게 먼저 넘치는 은총을 베푸시고 구원의 **"한 데나리온"**을 주십니다. 여러분은 모두 구원의 **"한 데나리온"**을 받았습니까? 네! 우리는 자기의 추악함을 인정하고 진리의 원형복음을 믿음으로 영생의 구원을 얻었습니다.

하나님께 감사를 드립니다. 할렐루야!

말씀을 마쳤습니다.

진리의 사랑으로 서로 섬겨라

"예수께서 예루살렘으로 올라가려 하실 때에 열 두 제자를 따로 데리시고 길에서 이르시되

보라 우리가 예루살렘으로 올라가노니 인자가 대제사장들과 서기관들에게 넘기우매 저희가 죽이기로 결안하고

이방인들에게 넘겨주어 그를 능욕하며 채찍질하며 십자가에 못 박게 하리니 제 삼일에 살아나리라

그 때에 세베대의 아들의 어미가 그 아들들을 데리고 예수께 와서 절하며 무엇을 구하니

예수께서 가라사대 무엇을 원하느뇨 가로되 이 나의 두 아들을 주의 나라에서 하나는 주의 우편에, 하나는 주의 좌편에 앉게 명하소서

예수께서 대답하여 가라사대 너희 구하는 것을 너희가 알지 못하는도다 나의 마시려는 잔을 너희가 마실 수 있느냐 저희가 말하되 할 수 있나이다

가라사대 너희가 과연 내 잔을 마시려니와 내 좌우편에 앉는 것은 나의 줄것이 아니라 내 아버지께서 누구를 위하여 예비하셨든지 그들이 얻을 것이니라

열 제자가 듣고 그 두 형제에 대하여 분히 여기거늘

예수께서 제자들을 불러다가 가라사대 이방인의 집권자들이 저희를 임의로 주관하고 그 대인들이 저희에게 권세를 부리는 줄을 너희가 알거니와

너희 중에는 그렇지 아니하니 너희 중에 누구든지 크고자 하는 자는 너희를 섬기는 자가 되고

너희 중에 누구든지 으뜸이 되고자 하는 자는 너희 종이 되어야 하리라

인자가 온것은 섬김을 받으려 함이 아니라 도리어 섬기려 하고 자기 목숨을 많은 사람의 대속물로 주려 함이니라"(마 20:17-28).

예수님께서 자신을 대속의 제물로 드려서 우리를 죄에서 구원하기 위해서 예루살렘으로 올라가시는 길에, "**보라 우리가 예루살렘으로 올라가노니 인자가 대제사장들과 서기관들에게 넘기우매 저희가 죽이기로 결안하고 이방인들에게 넘겨주어 그를 능욕하며 채찍질하며 십자가에 못 박게 하리니 제삼 일에 살아나리라**"라고 제자들에게 말씀하셨습니다. 예수님께서 이 땅에 오셨던 당시의 이스라엘은 로마제국의 식민지였습니다. 따라서 유대인의 서기관들이나 대제사장들에게는 재판권이 없었고, 재판권은 로마 총독에게 있었습니다. 그래서 예수님은 이방인인 로마 총독에게 넘겨져서 사형 언도를 받으시고 십자가에 못 박혀 돌아가셨다가 사흘 만에 부활하실 것을 제자들에게 미리 말씀하신 것입니다. 주님께서는 능욕과 고난을 당하시고 돌아가실 것을 이전에도 제자들에게 여러 차례 말씀하셨습니다. 그러나 제자들은 주님의 말씀을 여러 번 듣고도 믿지 않았습니다.

사람들은 자기가 듣고 싶은 말만 듣고, 보고 싶은 것만을 봅니다. 상대방이 아무리 간절한 마음으로 얘기를 해도 별로 자기의 관심이 없는 내용은 귀담아듣지를 않습니다. 주님께서는 "나는 이번에 올라가면 너희와 전 인류의 구원을 위하여 고난과 능욕을 당하고 십자가에 못 박혀 죽는다"라고 분명히 말씀하셨지만 지금 제자들의 귀에는 그런 말씀이 들어오지도 않았습니다. 지금까지 예수님

께서 능력을 발휘하시고 기적을 일으키시니까 제자들을 포함한 많은 사람들이 예수님을 왕으로 옹립하려고만 했습니다. 이스라엘 백성들과 마찬가지로 제자들도 로마의 통치와 굴욕을 벗어나서 다윗 왕의 시대와 같이 주변 나라들을 다스리며 태평성대를 누려보고 싶었습니다. 그러니 주님께서 장차 받으실 고난에 대해서 말씀하신들 주님의 말씀이 제자들의 귀에 들어올 리가 없었습니다.

자기의 영광을 구하는 제자들

제자들은 대부분 갈릴리에서 자라난 평범한 사람들이었습니다. 그런데 예수님을 만나서 주님의 제자가 된 후로 그들은 예수님으로 인해서 큰 영광을 누리게 되었습니다. 그들은 예수님께서 예루살렘에 올라가셔서 왕위에 오르면 자기들도 모두 큰 벼슬을 한자리씩 차지할 것이라는 기대에 마음이 한껏 부풀어 있었습니다. 그러한 절호의 기회를 놓치지 않을 생각에 세베대(Zebedee)의 아들의 어미, 즉 야고보와 요한의 어머니가 두 아들을 데리고 예수님께 절하며 "나의 두 아들을 주의 나라에서 하나는 주의 우편에, 하나는 주의 좌편에 앉게 명하소서" 하고 간청하는 일까지 벌어졌습니다.

"예수께서 대답하여 가라사대 너희 구하는 것을 너희가 알지 못하는도다 나의 마시려는 잔을 너희가 마실 수 있느냐 저희가 말하되 할 수 있나이다"(마 20:22). 예수님께서는 너무 기가 막혀서 그렇게 말씀하셨는데, 제자들은 자기들도 고난의 잔을 마실 수 있다고 자신만만하게 대답했습니다. 주님께서는 머지않아 엄청난 고난과 능욕을 당하실 것인데, 지금 제자들의 귀에는 아무 말씀도 들리지 않았습니다. 오직 그들의 마음에는 주님께서 왕이 되시거든 자기들을 높이 써달라는 욕망만 들끓고 있었습니다. "눈에 콩깍지가 씌었다"라는 말처럼 그들의 마음은 영광심이라는 콩깍지가 씌어 있었습니다. 그래서 그들은 **"할 수 있나이다"** 하고 우렁차게 대답했지만 그 말은 거짓말이었습니다. 얼마 후에 예수님께서 잡혀가실 때에 그들은 다 꽁무니를 빼고 도망쳤습니다.

예수님께서는 그들에게, **"너희가 과연 내 잔을 마시려니와 내 좌우편에 앉는 것은 나의 줄 것이 아니라 내 아버지께서 누구를 위하여 예비하셨든지 그들이 얻을 것이니라"**(마 20:23)고 대답하셨습니다. 주님께서 예언하신 대로 야고보와 요한도 후에 고난의 잔을 마셨습니다. 야고보는 사도들 중에서 제일 먼저 순교를 당했고 사도 요한은 후에 밧모(Patmos)라는 섬에 유배를 당해서 거기서 여생을 보냈습니다.

"열 제자가 듣고 그 두 형제에 대하여 분히 여기거늘"(마 20:24)— 예수님께서 야고보와 요한의 어머니의 청을 완곡히 거절하신 장면을 보고 다른 열 명의 제자들은 왜 분(憤)히 여겼을까요? 그들도 모두 야고보나 요한과 같은 마음이었기 때문입니다. 야고보와 요한의 아버지 세베데(Zebedee)가 삯꾼들을 부린 것(막 1:20)으로 볼 때, 또 그들의 어머니 살로메가 많은 재물로 주님을 섬긴 것을 볼 때, 야고보와 요한의 집안은 다른 제자들의 집안에 비해서 형편이 좋았던 것 같습니다. 다만 자기들은 가정 사정이 어머니까지 동원할 형편이 되지 못해서 잠잠히 있었을 뿐이었기에, 다른 제자들의 시기심은 분노로 바뀐 것입니다.

우리의 모습도 열두 제자와 크게 다르지 않습니다. 우리의 육신의 마음에는 높아지고자 하는 영광심이 뿌리 깊이 박혀 있습니다.

이 영광심은 사단 마귀로부터 온 것입니다. "너 아침의 아들 계명성이여 어찌 그리 하늘에서 떨어졌으며 너 열국을 엎은 자여 어찌 그리 땅에 찍혔는고 네가 네 마음에 이르기를 내가 하늘에 올라 하나님의 뭇 별 위에 나의 보좌를 높이리라 내가 북극 집회의 산 위에 좌정하리라 가장 높은 구름에 올라 지극히 높은 자와 비기리라 하도다 그러나 이제 네가 음부 곧 구덩이의 맨 밑에 빠치우리로다"(사 14:12-15). 사단 마귀는 영광심을 좇다가 하나님의 심판을 받은 영물(靈物)인데, 그가 이 땅으로 쫓겨나서 우리 인간에게 자기의 죄악된 본성을 불어넣었습니다. 그래서 아담의 후손은 사단 마귀가 불어넣어 준 영광심에 사로잡혀서 살아가게 되었습니다. 자기의 꼬락서니를 모르면 자기가 대단한 줄 압니다. 그러나 자기 꼬락서니를 조금이라도 아는 사람은 하나님 앞에 머리를 숙입니다. "벼는 익을수록 고개를 숙인다"라는 속담처럼, 영적으로 성숙해지면 성숙해질수록 우리 마음의 고개는 숙여집니다. 그리고 나와 같은 죄인 괴수를 아무 조건 없이 사랑해서 구원해 주신 주님의 발 앞에 엎드려 베다니의 마리아처럼 감사의 눈물을 흘릴 수밖에 없습니다.

높은 자가 낮은 자를 섬기는 하나님의 나라

"예수께서 제자들을 불러다가 가라사대 이방인의 집권자들이 저희를 임의로 주관하고 그 대인들이 저희에게 권세를 부리는 줄을 너희가 알거니와 너희 중에는 그렇지 아니하니 너희 중에 누구든지 크고자 하는 자는 너희를 섬기는 자가 되고 너희 중에 누구든지 으뜸이 되고자 하는 자는 너희 종이 되어야 하리라"(마

20:25-27).

　하나님 나라의 지식과 문화와 가치관은 세상의 그것들과 정반대입니다. 이 세상에서는 높은 사람이 아랫사람을 무시하고 억압하고 착취합니다. 그런데 그와 반대로 하나님 나라에서는 높은 자가 낮은 자를 섬깁니다. 세상 사람들은 무엇이든지 움켜쥐려고 하는데 하나님의 백성들은 모든 좋은 것들을 나눠주려고 합니다. 세상 사람들에게는 육신적인 사랑이 전부이지만 하나님의 백성들은 **"진리의 사랑"**(살후 2:10)을 나누기를 기뻐하십니다. 사회봉사를 하는 분들은 가난한 사람들에게 김치를 담가주고 연탄을 날라주고 독거노인들에게 도시락을 나눠줍니다. 물론 그런 사랑도 아름답습니다. 그러나 육신적인 사랑만 하고 영적인 사랑을 주지 못한다면 그것은 하나님의 뜻과는 거리가 먼 일입니다.

　제가 인도 북부지역에 선교여행을 하던 때에, 노숙자들이 밤새 추위에 떨다가 아침에 누군가 드럼통에 불을 피우면 몸을 녹이려고 모닥불 주위로 모여드는 것을 자주 보았습니다. 그때에 일어나지 않고 그대로 길거리에 누워 있는 사람은 간밤에 죽은 사람이었습니다. 마더 테레사라고 불리는 천주교 수녀님은 캘거타 빈민 지역의 노숙자들을 위해서 평생 동안 구제 사역을 했습니다. 그녀는 길거리에서 죽어 가는 사람을 데려다가 목욕을 시키고 음식을 먹이고 돌보아 주어서 따뜻한 죽음을 맞이하게 하는 선행을 평생 동안 베풀었습니다. 그래서 그분은 노벨 평화상도 받았고 모든 종교인들을 포함해서 이 세상 사람들에게 성녀(聖女)라고 추앙을 받고 있습니다. 그런데 그분이 베푼 사랑은 "육신적인 사랑"에 불과합니다. 그분은 죽어 가는 사람들을 며칠 동안 정성을 다해서 따뜻하게 돌봐 주었지만, 엄밀하게 말하자면 그녀의 사역은 며칠 전에 지옥에 갈 사람을 며칠 뒤에 보내준 것에 불과합니다.

그런데 하나님의 종들과 백성들은 **"진리의 사랑"**(살후 2:10)을 베풉니다. 교회 안에 거하는 형제 자매들끼리도 **진리의 사랑**으로 서로 섬깁니다. 먼저 거듭난 자가 영적으로 어린 자들을 **진리의 사랑**으로 섬겨 주는 곳이 바로 하나님의 교회입니다. 그러니까 "무엇으로 섬기느냐?" 하는 부분과 "누가 먼저 섬기느냐?" 하는 부분에 있어서 하나님의 나라와 이 세상과는 큰 차이가 있습니다. 이 세상에서는 기껏해야 육신의 사랑으로 봉사하는 것이 전부입니다. 그리고 이 세상에서는 큰 자들이 권세를 부리고 다스리며 착취합니다. 그러나 하나님의 나라에서는 영적인 사랑, 즉 사람들에게 가장 귀한 영생을 얻게 하는 진리의 사랑을 베풀며 높은 자가 낮은 자를 먼저 섬깁니다. 하나님의 교회는 한 영혼 한 영혼이 구원을 받게 하기 위해서 진리의 사랑으로 서로 섬깁니다.

진리의 사랑으로 서로 섬겨라

"진리의 사랑"(살후 2:10)은 상대방의 영혼이 죄 사함을 받고 구원에 이르게 하는 사랑이며 또 거듭난 의인들을 하나님의 은혜와 진리 가운데 더욱더 장성한 자가 되게 하는 영적인 사랑입니다. 사도 바울은 **"내가 내게 있는 모든 것으로 구제하고 또 내 몸을 불사르게 내어 줄지라도 사랑이 없으면 내게 아무 유익이 없느니라"**(고전 13:3)고 말씀하셨습니다. 자기의 모든 재산을 내어서 가난한 이들을 구제하고, 또 자기 몸을 불사르게 내어 준다 할지라도 진리의 사랑이 없다면 그것은 육신의 사랑에 불과하며 하나님 앞에서는 **"아무것도"** 아닙니다. 한 영혼이 영생의 구원을 얻고 견고

한 믿음의 사람으로 서게 하기 위해서, 먼저 거듭난 하나님의 일꾼들은 오래 참고, 온유하며, 시기하지 아니하며, 자랑하지 아니하며, 교만하지 아니하며, 무례하게 행하지 아니하며, 자기의 유익을 구하지 아니하며, 악한 것을 생각하지 아니하며, 진리와 함께 기뻐하고, 모든 것을 참으며, 모든 것을 믿으며, 모든 것을 바라며, 모든 것을 견딥니다. 이것이 진리의 사랑을 품은 의인들이 영혼들을 대하는 사랑입니다. 주님의 은혜를 먼저 입은 자들은 한 영혼 한 영혼을 진리의 복음 안에 견고히 세우기 위해서 **"경성하기를 자기가 회계(會計)할 자인 것같이"**(히 13:17) 주의하고 근신합니다.

주님께서는 우리를 구원하기 위해서 당신의 생명을 아낌없이 내어 주셨습니다. 저와 여러분들이 지옥의 영원한 저주에서 구원을 받도록, 그리고 영원한 천국의 복락에 들어갈 수 있도록 당신의 몸으로 **"한 영원한 제사"**(히 10:12)를 드려 주셨습니다. 성자(聖子) 하나님이신 예수님께서 무엇이 답답하고 아쉬워서 당신을 우리에게 내어 주셨습니까? 예수님은 우리를 너무나 사랑하셨기에 하나님 아버지의 뜻을 좇아 우리를 위한 대속의 제물이 되시려고 처녀 마리아의 몸에서 육신을 입고 이 땅에 오셨습니다. 당신께서 창조하신 피조물들이 창조주이신 당신에게 침을 뱉고 주먹으로 당신의 뺨을 치고 당신의 머리에 가시관을 씌우고 갈대로 그 가시관을 때리며 조롱했지만, 예수님께서는 털 깎는 자의 손에 맡겨진 양처럼 잠잠히 모든 고난을 당해 주셨습니다. 전능하신 주님께서 왜 그렇게 하셨습니까? 그것은 당신께서 그렇게 고난을 당하시고 죗값을 치러 주셔야만 우리의 모든 죄가 사(赦)해지기 때문이었습니다. 주님은 손목과 발에 못이 박혀서 십자가에서 6시간 동안이나 피 흘리시고, 마지막으로 **"다 이루었다"**(요 19:30) 하고 크게 외치신 후

돌아가셨습니다. 주님은 요단강에서 받으신 세례로 나와 여러분의 모든 죄를 다 담당해 주셨기 때문에 그 죗값을 다 지불하기 위해서 홀로 잠잠히 고난의 길을 가셨습니다.

주님께서는 이와 같이 우리의 구원을 위해서 당신의 생명을 아낌없이 내어 주셨습니다. 주님께서 우리에게 베푸신 사랑이 **"진리의 사랑"**(살후 2:10)입니다. 그렇기 때문에 그 **"어떠한 사랑"**(요일 3:1)을 입고 거듭난 우리들도 영혼들을 향해서 진리의 사랑을 베풉니다. **"저 안에 거한다 하는 자는 그의 행하시는 대로 자기도 행할찌니라"**(요일 2:6)라는 말씀대로, 예수님의 진리의 사랑을 입은 자들은 예수님께서 베푸신 진리의 사랑의 길을 따라갑니다. 예수님께서 우리의 구원을 위해서 당신을 아낌없이 내어 주신 것처럼 우리도 다른 영혼들을 위해서 우리 자신을 아낌없이 내어 줍니다. 주님의 진리의 사랑을 먼저 입은 자라면, 자기를 드려서 영혼들을 사랑합니다. 우리가 베푸는 사랑은 상대방의 육신만을 위하는 사랑이 아닙니다. 거듭난 우리들은 상대방이 하나님의 은혜와 진리 안에서 영적으로 잘 되게 하기 위하여 우리는 모든 것을 희생합니다.

또한 교회 안의 죄 사함 받은 성도는 참 존귀합니다. **"땅에 있는 성도는 존귀한 자니 나의 모든 즐거움이 저희에게 있도다"**(시 16:3). 아직 죄 사함을 받지 못한 영혼들도 귀하지만, 죄 사함을 받아서 함께 주 안에 있는 성도들은 더욱 귀합니다. 우리 거듭난 의인들은 서로를 바라보면서 "하나님께서 이 형제도 물과 피의 복음으로 구원하셨구나!" 하고 하나님께 감사를 드립니다. 이 땅 위에 수많은 사람들이 살아갈지라도 거듭난 형제 자매들은 참으로 희귀(稀貴)합니다. 우리가 육신적으로는 다 부족하고 흠도 많습니다만, 우리들의 마음에는 진리의 복음이 있고 성령 하나님께서 거하십니다. 질그릇 같은 우리에게 하늘의 보화가 담겼습니다. 그래서 성도들은 이 세상의 누구보다도 존귀합니다. 우리가 대통령에게 초대를 받아서 대통령이 베푸는 만찬 자리에 가게 되었다면 가슴이 뛰고 몹시 기쁘지 않겠습니까? 그런데 대통령보다 더 존귀한 자들이 성도(聖徒)들입니다. 그러므로 교회 안의 성도들을 만날 때에 우리 마음은 뜁니다. 예수님을 믿으면 무조건 다 성도라는 호칭을 붙일 수 있는 줄 압니까? 진리의 복음을 믿음으로 죄 사함을 받은 자라야 거룩할 "성(聖)"자 무리 "도(徒)"자, 성도가 됩니다. **"땅에 있는 성도는 존귀한 자"**들입니다. 성도를 세상의 어느 누구와도 비교할 수 없습니다.

여러분은 죄 사함을 받았습니까? 그렇다면 여러분은 존귀한 자들입니다. 여러분은 빛나는 성도들입니다. 우리의 육신은 부족하고 연약할지라도 우리 마음 안에는 진리의 참 빛이 있습니다. **"의인의 길은 돋는 햇볕 같아서 점점 빛나서 원만한 광명에 이르거니와"**(잠 4:18)라고 말씀하셨듯이 거듭난 의인들의 길은 영적으로 점점 더 밝아집니다. 땅에 있는 성도는 존귀합니다. 그래서 우리 성도들이 같이 모이면 참으로 즐겁습니다. 함께 복음의 길을 달려가는 형제자매들을 바라보면서 우리의 마음은 즐거움으로 넘칩니다.

우리는 서로 "내가 앞섰으니 너는 내 밑으로 들어가라" 하고 강요하지 않습니다. 하나님의 교회에서는 성도들끼리 서로 존귀하게 여기고 서로를 섬깁니다. 주님은 **"앉아서 먹는 자가 크냐 섬기는 자가 크냐 앉아 먹는 자가 아니냐 그러나 나는 섬기는 자로 너희 중에 있노라"**(눅 22:27)고 말씀하셨습니다. 우리 주님께서는 당신의 생명을 내어 주셔서 친히 참된 사랑의 본이 되어 주셨습니다. 하나님이신 주님께서도 그렇게 우리를 섬기셨는데 우리가 뭐라고 서로를 섬기지 않습니까? 우리가 뭐라고 앞선 자의 행세나 하며 세상 사람들처럼 거드름이나 피우고, 자기는 힘든 일이라고는 하나도 안 하면서 형제 자매들을 다스리려고만 하겠습니까?

섬기는 자가 큰 자입니다. 우리는 진리의 사랑으로 영혼들을 섬기라고 보내심을 받았다는 사실을 잊지 마십시오.

말씀을 마쳤습니다.

너희 죄 없이 함을 받으라

"저희가 여리고에서 떠나 갈 때에 큰 무리가 예수를 좇더라

소경 둘이 길 가에 앉았다가 예수께서 지나가신다 함을 듣고 소리질러 가로되 주여 우리를 불쌍히 여기소서 다윗의 자손이여 하니

무리가 꾸짖어 잠잠하라 하되 더욱 소리질러 가로되 주여 우리를 불쌍히 여기소서 다윗의 자손이여 하는지라

예수께서 머물러 서서 저희를 불러

가라사대 너희에게 무엇을 하여주기를 원하느냐 가로되 주여 우리 눈 뜨기를 원하나이다

예수께서 민망히 여기사 저희 눈을 만지시니 곧 보게 되어 저희가 예수를 좇으니라"(마 20:29-34).

여리고의 소경

예루살렘 성에서 동쪽으로 약 20 Km 떨어진 요단강 강변에 여리고(Jericho)라는 성읍이 있습니다. 예수님께서 여리고에서 예루살렘으로 올라가시는 도중, 소경 두 사람의 눈을 뜨게 해 주셨습니다. 우리 속담에 "몸이 천 냥이면 눈은 구백 냥"이라는 말이 있습니다. 눈이 우리 몸에서 제일 소중하다는 말입니다. 사람들이 겪는 장애 중에서 앞을 보지 못하는 장애가 제일 괴롭고 힘든 장애입니다.

복음서에는 예수님께서 소경의 눈을 뜨게 해 주신 이적(異蹟)들이 여러 곳에 기록되어 있습니다. 소경은 죄 사함을 받지 못해서

마음에 어둠(죄)이 가득한 사람, 즉 죄인을 계시합니다. 육신의 소경은 앞을 보지 못해서 더듬거리며 다른 이의 인도를 받지 않으면 집 밖에 나가기를 두려워합니다. 그처럼 영적인 소경들, 즉 거듭나지 못한 죄인들도 진리는 무엇이며 어디가 구원의 길인지를 알지 못해서 답답합니다. 그래서 영적 소경들은 누군가의 인도를 받고자 합니다. 그런데 자칭 인도자라고 하는 자들도 영적으로 눈이 먼 자들이 대부분입니다. 소위 목사라고 불리는 자들도 어떻게 마음의 죄(흑암)를 흰 눈같이 깨끗하게 사함 받을 수 있는지를 알지 못하는 영적 소경들입니다. 그들은 구원의 길을 전혀 알지 못하면서 교인들을 인도하겠다고 만용을 부립니다. 그래서 주님은 **"소경이 소경을 인도할 수 있느냐 둘이 다 구덩이에 빠지지 아니하겠느냐"**(눅 6:39)라고 지적하셨습니다.

눈을 떠야만 빛을 볼 수 있습니다. **"빛은 실로 아름다운 것이라 눈으로 해를 보는 것이 즐거운 일이로다"**(전 11:7)라고 성경은 선포합니다. 진리의 빛은 예수 그리스도입니다. 우리를 영원한 천국으로 인도하는 진리의 빛이 세상에 와서 흑암(黑巖)을 단번에 물리쳐 주셨습니다. 우리는 진리의 원형복음으로 우리의 모든 죄를 단번에 씻어 주신 예수 그리스도를 만나서 영적인 눈을 뜬 자들입니다. 우리는 거듭나서 참 빛을 알아보고 진리의 빛이신 예수 그리스도를 따르는 자들입니다.

그러나 오늘날의 기독교인들은 거의 다 죄인들입니다. 마음에 죄가 있는 죄인은 결코 천국에 들어갈 수 없습니다. **"죄의 삯은 사망"**(롬 6:23)입니다. 아직 진리의 복음을 만나지 못하고 믿지 못해서 마음에 죄(흑암)가 가득한 사람들의 종착지는 지옥입니다. 그래서 이 세상의 모든 죄인들은 시급히 **"죄 사함으로 말미암는 구**

원"(눅 1:77)을 받아야 합니다. 여리고의 두 소경은 그러한 간절함으로 "주여 우리를 불쌍히 여기소서 다윗의 자손이여" 하고 외쳤습니다. "다윗의 자손"이라는 호칭은 **메시아**, 즉 구원자를 지칭합니다. 그들은 예수 그리스도의 긍휼을 간절히 바라며 예수님께 나왔습니다. 그리고 예수님은 그들에게 긍휼을 입혀 주셨습니다.

마음에 죄가 있으면서 "거듭났다"라고 하는 영적인 소경들

예수님께서는 그들에게, "너희에게 무엇을 하여 주기를 원하느냐?"라고 물으셨고, 그들은 "주여 우리 눈 뜨기를 원하나이다" 하고 대답했습니다. 이 소경들이 눈을 뜨게 된 이적은 모든 죄인들이 죄 사함을 받고 영적인 눈을 떠야 할 것을 의미합니다. 그 당시에도 많은 소경들이 있었지만, 눈 뜨기를 간절히 원하는 자들만이 주님의 긍휼하심을 입고 눈을 떴습니다. 지금도 마음에 죄가 있는 영적 소경들이 많지만, 그들에게 간절히 죄 사함을 받고자 하는 마음이 없다면 그들은 "**죄 사함으로 말미암는 구원**"(눅 1:77)을 받을 수 없습니다. 대부분의 기독교인들은 자기들이 이미 눈을 떴다고, 즉 구원을 받았다고 착각하고 있기 때문에 눈 뜨기를 간절히 원할 이유가 없습니다.

요한복음 9장에도 나면서부터 소경이었던 어떤 사람이 예수님을 만나서 눈을 뜨게 된 이적이 기록되어 있습니다. 예수님이 땅에 침을 뱉어서 이긴 진흙을 그 소경의 눈에 발라 주시고 "**실로암 못에 가서 씻으라**"라고 명하셨습니다. 그가 주님의 말씀에 순종해서 실로암 못에 가서 씻었더니 밝히 보게 되었습니다. 그런데 그날은 안식일이었습니다. 바리새인들은 예수님이 진흙 일을 하지 못하게 한 안식일 규례를 어겼다고 예수님을 비난하며 예수님과 논쟁을 벌였습니다. 그 논쟁에서 예수님은 **"내가 심판하러 이 세상에 왔으니 보지 못하는 자들은 보게 하고 보는 자들은 소경 되게 하려 함이라"**(요 9:39)고 말씀하심으로써 당신이 이 땅에 오신 목적을 분명히 알려 주셨습니다. 거듭나지 못한 사람은 먼저 자기가 영적인 소경임을 인정해야 합니다. 그래야만 죄 사함을 받고 영의 눈을 뜰 수 있습니다. 그런데 오늘날의 기독교인들 중에는 "나는 이미 눈을 떴다"라고 주장하는 현대판 바리새인들이 많습니다. 그들은 마음에 죄가 있으면서도 거룩한 척, 믿음 좋은 척을 도맡아 합니다. 예수님께서는 그런 자들에게, **"너희가 소경 되었더면 죄가 없으려니와 본다고 하니 너희 죄가 그저 있느니라"**(요 9:41)고 말씀하십니다.

창조의 첫날에는 **"땅이 혼돈하고 공허하며 흑암이 깊음 위에"** (창 1:2) 있었습니다. 사람들은 태어날 때부터 그 마음이 혼돈되어 있었고 참된 만족이 없었습니다. 또 사람의 마음에는 흑암(黑巖), 즉 죄가 가득 덮고 있고 빛은 전혀 없는 칠흑 같은 상태로 태어납니다. 그래서 모든 사람의 영혼은 갈 바를 알지 못하고 흑암 중에 헤맬 수밖에 없었습니다. 그런데 참 빛으로 오신 예수 그리스도께서 우리의 모든 죄를 단번에 없애 주셨습니다. **"빛이 있으라 하시매 빛이 있었고,"**(창 1:3) **"어두운 데서 빛이 비취리라 하시던 그 하나님께서 예수 그리스도의 얼굴에 있는 하나님의 영광을 아는 빛을 우리 마음에 비취셨"**(고후 4:6)습니다. 이제 누구든지 자기가 흑암의 존재인 것을 인정하고 참 빛이신 예수 그리스도의 복음을 마음에 믿어서 받아들이면, 그 빛으로 말미암아 모든 죄(흑암)는 단번에 물러가고 빛의 자녀가 됩니다. 참 빛으로 오신 예수 그리스도를 마음에 받아들인 자가 거듭난 자이고 영적으로 눈뜬 자입니다.

예수님께서는 모든 소경의 눈을 뜨게 하기 위해서 이 땅에 오셨습니다. 예수님께서 세상 죄를 담당하기 위해서 세례 요한에게서 안수의 형식으로 세례를 받으시고 광야로 가셔서 사십일 동안 금식하시며 사단 마귀의 시험을 받으셨습니다. 주님께서는 하나님의 말씀으로 마귀를 물리치시고 갈릴리로 돌아가셔서 여러 회당에서 가르치기를 시작하셨습니다. 안식일을 맞아서 예수님은 당신이 자라나던 곳, 즉 나사렛 마을의 회당에 들어가셔서 하나님의 말씀을 받아 읽으셨습니다. **"주의 성령이 내게 임하셨으니 이는 가난한 자에게 복음을 전하게 하시려고 내게 기름을 부으시고 나를 보내사 포로 된 자에게 자유를, 눈먼 자에게 다시 보게 함을 전파하며 눌린 자를 자유케 하고 주의 은혜의 해를 전파하게 하려 하심이라 하였더라"**(눅 4:18-19). 그리고 주님께서는 **"이 글이 오늘날 너희 귀에 응하였느니라"**(눅 4:21)고 선포하셨습니다.

우리는 모두 사단 마귀에게 포로가 되어 있었는데 예수님께서 사단의 속박과 저주를 끊어 주시고 우리를 죄와 사망에서 해방시켜 주셨습니다. 또 우리는 마음에 죄(흑암)가 무겁게 덮여 있어서 영적으로 눈이 멀었었는데 우리 주님이 우리의 마음에 참 빛(진리의 복음)을 비춰 주셔서 우리가 영적으로 눈을 뜨게 되었습니다. 주님은 **"눈먼 자에게 다시 보게 함을"** 주셨습니다. 물론 거듭난 의인이라도 영적으로 어렸을 때는 영적인 세계를 또렷하게 보지 못합니다. 죄 사함을 받은 직후에는 모든 것이 아직 희미합니다. 예수님께서 벳새다에 이르렀을 때에 사람들이 소경을 데리고 와서 고쳐 주시기를 구했습니다. 예수님께서 소경의 손을 붙드시고 마을

밖으로 데리고 나가셔서 눈에 침을 뱉으시며 그에게 안수하시고 "무엇이 보이느냐?" 물으셨습니다. 그 사람은 여기저기 둘러보더니 "나무 같은 것들의 걸어가는 것을 보나이다"(막 8:24) 하고 대답했습니다. 이와 같이 안수(세례)의 복음으로 죄 사함을 받았더라도 영적으로 어렸을 때에는 영적인 세계의 사물들이 잘 분별되지 않습니다. 그러나 죄 사함의 복음 말씀을 반복적으로 들으면 영적인 눈이 점점 더 밝아져서 빛을 좇아 행하게 됩니다. 의인들은 밤에 다니지 않고 낮에 다닙니다. 또 하나님의 교회 안에는 신앙의 선배들이 있어서 어린 자들이 그들에게 물어보면 어린 자들을 밝은 빛 가운데로 이끌어 줍니다.

죄 사함을 받으려면 담대하게 구해야 합니다

오늘의 본문에 등장하는 소경들은 예수님께서 지나가신다는 소문을 듣고 **"주여 우리를 불쌍히 여기소서 다윗의 자손이여"** 하고 외쳤습니다. 주변의 사람들이 그들을 만류하고 핀잔을 주었지만 그들은 더욱더 소리를 높여 **"주여 우리를 불쌍히 여기소서 다윗의 자손이여"** 하고 외쳤습니다. "다윗의 자손"이란 호칭은 "오시기로 약속된 메시아"를 의미합니다. 이 소경들은 예수님이 자기들을 구원해 줄 메시아라고 믿었습니다. 그래서 구원자가 지나가신다는 소문을 듣고 주변의 사람들이 만류하며 조용히 하라고 윽박질러도 그들은 자기들을 불쌍히 여겨 달라고 결사적으로 외쳤습니다.

예수님께서 그들을 불러서 **"무엇을 원하느냐?"** 라고 물으셨습니다. 그들은 **"주여 우리 눈을 뜨기를 원하나이다"** 하고 대답했습니다. 이 대답은 "저희가 죄 사함을 받기 원합니다"라는 간청이었습니다. 오늘날에도 아직 마음에 죄가 있는 영적 소경들은 모두 다 죄 사함을 받기를 간절히 원해야 합니다. 그리고 진리의 원형복음인 **"물과 피의 복음"**을 믿어야 합니다. **"물과 피의 복음"**이 아니고서는 절대로 죄를 사함 받을 길이 없습니다. 아무렇게나 예수님을 믿는다고 마음의 죄가 흰 눈같이 씻어집니까? 여러분은 십자가의 피를 간절히 믿었는데, 그때에는 마음의 죄가 그저 있지 않았습니까? 이 진리의 원형복음 외에 다른 복음은 없습니다. 다른 복음을 믿어서는 절대로 죄 사함을 받을 수 없고 영적인 눈을 뜰 수 없습니다. 그래서 모든 죄인들은 이 진리의 원형복음을 결사적으로 붙들고 믿어야 합니다. 누구든지 자신이 지옥에 가야 할 죄인이라고 시인하고 **"물과 피의 복음"**을 온전히 믿으면 주님께서 그의 믿음을 보시고 **"소자야 안심하라 네 죄 사함을 받았느니라"**(마 9:2)고 선포하십니다.

자기 확신의 착각에서 벗어나야

이 소경들이 눈을 떴습니다. 그들은 **"죄 사함으로 말미암는 구원"**(눅 1:77)을 받았습니다. 우리들도 영적인 소경이었는데 주님의 은혜를 입었습니다. 주님께서 우리를 만나 주셔서 진리의 복음으로 우리 마음에 영적인 할례를 베풀어 주셨습니다. 주님께서는 좌우에 날이 선 복음의 칼로 우리 마음의 모든 죄를 단칼에 베어내 주셨습니다. 주님은 인류의 대표자인 세례 요한에게 안수의 형식으로 세례를 받으심으로 우리 인류의 모든 죄를 뚝 끊어내서 당신의 육체로 옮겨 심으셨습니다. 당신께서 받으신 세례로 인류의 모든 죄를 전가(轉嫁, 옮겨 심음) 받으셨기에, 주님은 **"세상 죄를 지고 가**

는 하나님의 어린양"(요 1:29)이 되셨습니다. 그리고 십자가에 못 박혀 피를 흘리시며 "다 이루었다"(요 19:30)라고 크게 외치시고 돌아가셨습니다. 주님께서는 우리의 모든 죄를 담당하셔서 죗값을 지불하는 일을 온전히 이루셨습니다. 누구든지 "물과 피의 복음"을 믿지 않고는 결코 마음의 죄를 끊어낼 수 없습니다. "**할례는 마음에 할찌니 신령에 있고 의문에 있지 아니한 것이라**"(롬 2:29)고 말씀하셨는데, 예수님의 세례를 빼놓고 예수님을 믿어서는 절대로 마음에 할례를 받을 수 없습니다.

제가 인터넷으로 성경을 읽다가 "구원의 확신을 얻게 하는 묵상 시리즈"라는 제목을 발견했습니다. 그 글을 게시한 단체는 구원의 확신을 가지려면 자기들이 제공하는 말씀들을 날마다 읽고 묵상하고 굳게 믿으면 된다고 주장합니다. 그리고 성경 말씀들을 날마다 제시해 줍니다. 그런다고 마음의 죄가 없어집니까? 저도 진리의 복음을 만나서 거듭나기 전에는 별별 짓을 다해 보았습니다. 금식 기도, 철야 기도, 성경 읽기 프로그램, 수련회, 성경 사경회(査經會), 공동체 운동, 성령운동, 내적 치유(治癒) 세미나, 죄를 쪽지에 적어서 모닥불에 태우기, 등등 제 마음의 죄가 흰 눈같이 씻어지기를 간절히 바라며 저는 별별 짓을 다해 보았습니다. 그런데도 제 마음의 죄는 그대로 있었습니다.

물론 저도 때로는 구원의 확신이 들기도 했습니다. "내가 예수님의 보혈의 공로를 믿어서 하나님의 자녀가 되었고, 고아도 양자를 삼고 내 재산을 내어놓아 공동생활을 하는데, 내가 구원을 받지 않았다면 누가 과연 구원을 받겠는가?" 하는 생각으로 마음을 다잡으며 조금이라도 의심이 들 때마다 "주여, 제가 주님의 보혈을 믿습니다" 하고 외치며 스스로 구원의 확신을 굳게 지켰습니다. 내 마음에 구원의 확신이 없어질 만하면 금식 기도를 하고 산 기도를 해서 다시 "구원의 확신"을 마음에 굳건히 세웠습니다. 그런데 그것은 자기 확신이고 자기 최면일 뿐이었습니다. 그런 자가(自家)발전식(發電式) "구원의 확신"은 다 무효입니다. 그것은 마치 시지프스의 신화(the Myth of Sisyphus)에 나오는 시지프스의 노고(勞苦)처럼 고단하고 헛된 것입니다. 시지프스는 신들의 노여움을 사서 그 형벌로 큰 바위를 산꼭대기에 굴려 올리는 고생을 영원토록 하게 되었습니다. 그런데 시지프스가 큰 바위를 굴려 올려서 산꼭대기에 도달하는 순간에, 그 산의 정점은 너무 뾰족해서 그 바위는 산 아래로 다시 굴러 내려갔습니다. 그래서 시지프스는 영겁(永劫)의 세월 동안 바위를 굴려 올리는 헛된 수고를 할 수밖에 없다는 이야기가 "시지프스의 신화"입니다. 자가발전식 신앙생활도 시지프스의 신화와 같습니다. 기독교인들이 열심으로 자기의 의를 쌓아서 겨우 "구원의 확신"을 얻었는가 싶으면, 다시 저 산 아래로 굴러떨어져서 비참한 죄인으로 전락한 자기 자신을 발견하게 됩니다.

 후에 사도 바울이 된 청년 사울도 자기의 믿음에 확신이 있었던 사람입니다. 자기가 믿는 바가 정통(正統)이며 이단인 기독교인들을 진멸하는 일이 하나님을 기쁘게 하는 길이라고 확신했습니다. 그런데 그가 기독교인들을 잡아들이려고 다메섹(Damascus)으로 가는 길에서 빛으로 나타나신 예수님을 만났습니다. 예수님의 광채 앞에서 그는 눈이 멀었습니다. 지금까지는 자기가 구원을 받은 자라고 확신했었는데, 태양보다 밝은 빛으로 나타나신 주님을 만나고서는 눈에 비늘 같은 것이 덮여서 소경이 되었습니다. 그는 주님의 말씀을 따라 아나니아라는 하나님의 종을 만나서 진리의 복음을 듣고 믿게 되었습니다. 그러자 사울의 눈에서 비늘 같은 것이 떨어지면서 다시 보게 되었습니다.

누구든지 거듭나려면 먼저 소경이 되어야 합니다. 자기 마음에 죄가 있는 것을 시인하고 그 죄 때문에 자신은 지옥에 가야 마땅하다고 진솔하게 인정해야 합니다. "우리도 소경인가?" 하고 묻던 바리새인들에게, 예수께서는 **"너희가 소경 되었더면 죄가 없으려니와 본다고 하니 너희 죄가 그저 있느니라"**(요 9:41)고 말씀하셨습니다. 많은 기독교인들이 현대판 바리새인으로 신앙생활을 하고 있습니다. 진리의 복음을 알지도 못하면서 자기는 "구원의 확신"이 있다고 고집을 부리면 결코 죄 사함을 받을 수 없습니다. 하나님께서 **"소자야 안심하라 네 죄 사함을 받았느니라"**(마 9:2)고 인정하셔야 구원은 유효합니다. 기독교인들이 스스로 "나는 구원의 확신이 있다"라고 아무리 주장을 해도 그것은 아무 소용이 없습니다. 어떤 이는 "나는 예수님의 보혈이 나를 모든 죄에서 구원했다는 사실을 믿기 때문에 내 목에 칼이 들어와도 구원의 확신이 있다"라고 간증합니다. 그러나 그런 주장은 자기 확신에 불과합니다. 그렇게 확신하는 사람의 마음에 죄가 있습니다. 그리고 **"죄의 삯은 사망"**(롬 6:23), 곧 지옥입니다. 진리의 복음과 상관없이 구원을 받았다는 확신은 사단 마귀가 넣어 준 것입니다.

사도 베드로는 오순절 설교에서 **"너희 죄 없이 함을 받으라"**(행 3:19)고 외쳤습니다. 모든 영적 소경들은 죄 없이 함을 받고 영의 눈을 떠야 합니다. 오늘의 본문에 등장하는 이 소경들은 구원을 받았습니다. 몇 절 안 되는 오늘의 본문 말씀에 죄인들이 죄 사함을 받고 하나님의 자녀가 되는 비밀이 담겨 있습니다. 우리 각자는 먼저 자신의 마음을 정직하게 살펴보고, 마음에 죄가 있다면 자기가 영적인 소경인 것을 인정해야 합니다. 그리고 **"주여 우리를 불쌍히**

여기소서 다윗의 자손이여" 하고 외쳐야 합니다. 그러면 주님께서 진리의 원형복음으로 만나 주십니다. 진리의 빛이 여러분 각자의 마음에 들어와서 영적인 눈을 뜨게 되는 거듭남의 은총을 여러분 모두가 누리시기를 바랍니다.

말씀을 마쳤습니다.

주께서 우리를 마음껏 쓰시게 하자

"저희가 예루살렘에 가까이 와서 감람산 벳바게에 이르렀을 때에 예수께서 두 제자를 보내시며

이르시되 너희 맞은편 마을로 가라 곧 매인 나귀와 나귀 새끼가 함께 있는 것을 보리니 풀어 내게로 끌고 오너라

만일 누가 무슨 말을 하거든 주가 쓰시겠다 하라 그리하면 즉시 보내리라 하시니

이는 선지자로 하신 말씀을 이루려 하심이라 일렀으되

시온 딸에게 이르기를 네 왕이 네게 임하나니 그는 겸손하여 나귀, 곧 멍에 메는 짐승의 새끼를 탔도다 하라 하였느니라

제자들이 가서 예수의 명하신 대로 하여

나귀와 나귀 새끼를 끌고 와서 자기들의 겉옷을 그 위에 얹으매 예수께서 그 위에 타시니

무리의 대부분은 그 겉옷을 길에 펴며 다른 이는 나무 가지를 베어 길에 펴고

앞에서 가고 뒤에서 따르는 무리가 소리질러 가로되 호산나 다윗의 자손이여 찬송하리로다 주의 이름으로 오시는 이여 가장 높은 곳에서 호산나 하더라"(마 21:1-9).

저는 어제 예배당에 쓸 책장을 구입하러 가구점에 갔었습니다. 가구점 사장님에게 제가 목사라고 소개를 했더니, 자기는 천주교인이라고 말하며 자기는 미사에 빠짐없이 참석을 해도 도무지 믿음이 생기지 않는다고 푸념을 했습니다. 전시장에 서서 제가 천주교회는 어떻게 생겨났는지를 간략하게 얘기해 줬더니 사무실에 들어

와서 차나 한잔하자고 그분이 청했습니다. 사무실에서 차를 한잔 나누면서 제가 "사장님은 왜 하나님을 믿습니까?" 하고 물었더니, 그 사장님은 "제 식구가 자꾸 가자고 해서 그냥 따라다닌다"라고 대답했습니다. 그래서 죄가 있으면 지옥에 간다는 것과, 우리는 죄 사함을 받고 천국 영생에 들어가기 위해서 하나님을 믿는다고 얘기를 해 주었습니다. 저는 죄 사함을 받게 하는 구약의 제사법을 간단히 설명해 주고서, 천주교회에서 미사 드릴 때에 신부님이 외우는 "천주의 어린양 세상의 죄를 없애시는 주여!"라는 경문(經文)에서 그 어린양이 바로 예수님인 것을 설명해 주었습니다. 그리고 예수님께서 우리의 죄를 어떻게 다 깨끗이 없애셨는지를 간략하게 설명해 주었습니다. 그 사장님은 눈이 동그래지더니 "이렇게 분명하고 쉽게 믿음의 도리를 설명해 주는 얘기를 저는 한 번도 들어 본 적이 없다"라고 말했습니다. 그래서 저는 그분께 제 차에 가지고 다니던 "창세기 강해 설교집" 1권을 선물로 드렸습니다. 저는 기회가 있는 대로 그 가구점에 들려서 영적인 교제를 나누려고 합니다.

예수님께서 사마리아 수가성(城)의 우물가에서 사마리아 여인을 만나신 후에, 마을에 들어가 양식을 구해서 돌아온 제자들에게, "**너희가 넉 달이 지나야 추수할 때가 이르겠다 하지 아니하느냐 내가 너희에게 이르노니 눈을 들어 밭을 보라 희어져 추수하게 되었도다**"(요 4:35)라고 말씀하셨습니다. 우리가 영적인 눈으로 이 세상의 영혼들을 바라보면, 구원을 받을 만한 영혼들이 많이 있습니다. 그래서 영적인 눈이 밝은 사람은 희어져 추수할 만한 영혼들을 찾아내고 복음을 전해서 영적인 추수를 합니다. 하나님의 뜻은 모든 사람이 죄 사함을 받고 하나님의 자녀가 되는 일입니다. 주님은

"너희는 먼저 그의 나라와 그의 의를 구하라 그리하면 이 모든 것을 너희에게 더하시리라"(마 6:33)고 말씀하셨습니다. 복음 전파에 온 마음을 드리는 의인이 바로 **"먼저 그의 나라와 그의 의를 구"** 하는 하나님의 일꾼들입니다. 그렇게 마음을 정한 하나님의 일꾼들에게 필요한 모든 것들은 하나님께서 다 공급해 주십니다. **"오직 의인은 믿음으로 말미암아 살리라"**(롬 1:17)고 말씀하셨는데, 우리가 하나님께서 기뻐하시는 뜻을 먼저 좇으면 나머지는 하나님께서 다 해결해 주신다는 것이 우리의 믿음입니다.

오늘의 본문 말씀은 예수님께서 십자가에 못 박히시려고 예루살렘으로 올라가시는 길에 있었던 일을 기록하고 있습니다. 예루살렘의 감람(올리브)산 자락에 벳바게라는 작은 마을이 있었는데, 예수님께서는 거기서부터 나귀를 타고 예루살렘에 들어가시려고 제자들을 마을로 보내시며, **"너희 맞은편 마을로 가라 곧 매인 나귀와 나귀 새끼가 함께 있는 것을 보리니 풀어 내게로 끌고 오너라 만일 누가 무슨 말을 하거든 주가 쓰시겠다 하라 그리하면 즉시 보내리라"**라고 명하셨습니다. 예수님께서 다리가 아파서 그러셨겠습니까? 아닙니다. 하나님의 예언의 말씀을 성취하시려고 그렇게 하신 것입니다. 아마 제자들은 의아한 눈빛으로 예수님을 쳐다봤을 것입니다. 그 나귀의 주인이 분명히 있을 것인데 자기들 마음대로 풀어서 오면 자칫 도둑으로 몰릴 것이 뻔하기 때문이었습니다. 그런데 예수님께서는 **"만일 누가 무슨 말을 하거든 주가 쓰시겠다 하라 그리하면 즉시 보내리라"**라고 말씀하셨습니다. 세상의 이치로 보면 분명히 생뚱맞은 말인데, **"주가 쓰시겠다"**라고 하면 아무 소리 않고 보내 준다는 말씀이니 참으로 기이한 일입니다.

온 우주의 주인이신 예수님

이 말씀 앞에서 우리가 한번 생각해 봅시다. 자, 그 나귀와 나귀 새끼를 포함해서 전 우주와 그 안에 있는 모든 것들이 주님의 것입니까, 아닙니까? 주님의 것입니다. 우리가 내 것이라고 주장하는 모든 것도 사실은 주님 것입니다. **"이는 만물이 주에게서 나오고 주로 말미암고 주에게로 돌아감이라"**(롬 11:36)고 말씀하셨고, **"내가 가령 주려도 네게 이르지 않을 것은 세계와 거기 충만한 것이 내 것임이로다"**(시 50:12)라고 말씀하셨습니다. 천지를 창조하시기 전에는 하나님만이 홀로 계셨는데 만물이 주님께로부터 나와서 존재하게 되었습니다. 그러니 만물이 다 그것들을 만드신 하나님의 것입니다. 우리 자신도 주님께로부터 나왔습니다. "에이 뭐, 우리 부모님께서 우리를 낳으셨지 무슨 하나님이 우리를 낳았나요?" 아닙니다. 우리는 하나님께로부터 왔습니다. 특별히 우리의 영은 하나님께서 우리의 육체에 불어넣어 주셨습니다.

하나님께서 태초에 사람을 만드실 때 흙으로 사람을 만드시고 그 코에 생기를 불어넣으시니 생령(生靈)이 되었습니다. 모든 사람의 영은 하나님께로부터 온 것입니다. 사람이 영(靈)과 혼(魂)과 육(肉)으로 되어 있는데 영(靈)이 우리의 본체입니다. 우리의 육체 속에 영혼이 담겨 있기에, 우리의 육은 영을 담은 그릇이라고 말할 수 있습니다. 우리의 영은 하나님께로부터 온 것입니다. 영(靈)과 혼(魂)과 육(肉) 중에서 영이 영원한 실체(entity)입니다. **"주께서 내 장부를 지으시며 나의 모태에서 나를 조직하셨나이다"**(시 139:13)라는 말씀대로 우리의 육신도 하나님께서 만드신 것입니다. 한 생명이 어미의 뱃속에서 형성되고 자라나는 것을 보면 너무나무 신비합니다. 성경은 우리가 하나님의 형상으로 만들어진 피조물이라고 말씀합니다. 그래서 사람은 하나님 앞에서 아주 존귀한 존재입니다.

"이는 만물이 주에게서 나오고 주로 말미암고 주에게로 돌아감이라"(롬 11:36)고 말씀하셨습니다. 우주 만물은 다 주의 것입니다. 벳바게의 나귀도 어떤 사람이 잠시 맡아서 돌보고 있는 것이지 사실 그 나귀의 진짜 주인은 예수님입니다. 우리 자신도 하나님 것입니다. 여러분도 이렇게 생각을 바꿔야 합니다. "내 인생은 나의 것"이라는 대중가요가 있습니다만, 그것은 하나님의 진리의 말씀을 모르고 지은 노랫말입니다. 저와 여러분뿐만 아니라 우리의 모든 소유물도 주님의 것입니다. 주께서 우리를 지으셨을 뿐만 아니라 주님께서 당신의 생명으로 값을 지불하시고 사단 마귀의 노예가 되어 있었던 우리를 사셨습니다. 그래서 우리는 온전히 주님의 것이 되었습니다. 성경은 우리가 **"예수 그리스도의 것으로 부르심을 입은 자"**(롬 1:6)들이라고 선포합니다.

우리는 그리스도의 것입니다

우리의 주인은 예수 그리스도이고 우리에게 있는 모든 것이 주님의 것입니다. 나와 여러분은 이 사실을 분명히 머리에 새겨 놓아야 합니다. 주님께서 당신의 생명을 지불하고 우리를 당신의 것으로 사셨는데, 그 은혜를 알고 믿는 사람은 자신에게 있는 모든 것을 주님의 것으로 여깁니다. 내게 있는 모든 것을 여전히 나의 것이라고 생각하는 사람은 주님이 당신의 귀한 생명을 바쳐서 우리를 사셨다는 진리 안에 아직 들어가지 못한 사람입니다. 나는 나의 것이 아닙니다. 아직까지는 "내 인생은 나의 것"이라고 생각했을지라도 오늘 이후로는 "아! 내가 예수 그리스도의 것이었지!" 하고 마음을 고쳐먹어야 합니다.

또한 우리는 주님의 종들이고 주님의 일들을 맡아서 돌보는 청지기들입니다. 종은 주인의 뜻에 따라서 순종하고 주인의 유익을 추구합니다. 청지기란 주인의 재산을 맡아서 관리하는 자가 아닙니까? 여러분들이 운영하고 있는 기업들의 주인은 여러분이 아닙니다. 여러분이 사장이라고 거들먹거리지 마십시오. 예수 그리스도께서 우리의 기업들의 사장님이고 우리가 사장이나 원장이라는 타이틀로 일을 하지만, 우리는 사실 "바지사장"들이고 청지기들입니다. 주님께서 우리에게 복음 전파를 위해 기업들을 운영하도록 맡겨 주신 것만 해도 엄청난 은혜입니다. 우리는 "주께서 나를 어여삐 여기셔서 이 기업을 내게 맡겨 주셨구나!" 하고 두렵고 떨리는 마음으로 주님께서 맡겨 주신 기업들을 잘 운영해야 합니다. 그래서 많은 수익을 내고 그것을 주님의 뜻에 합당하게 드려야 합니다.

주님 기업(企業)이 망할 수 있습니까? 우리는 주의 종이고 청지기라고 믿는 하나님의 종들이 경영하는 기업은 망하려야 망할 수가 없습니다. 전능하신 하나님께서 운영하시는 기업은 절대로 망하지 않고 어떤 상황에서든지 창대(昌大)하게 됩니다. 여러 번 간증했지만 저는 건강도 좋지 않은 상태로, 또 손에 쥔 것도 별로 없이 이곳 제주도에 내려왔습니다. 저는 어려운 중에도 다만 진리의 복음을 위해서 살기로 마음을 정하고 하나님께 은혜를 구했습니다. 그런데 하나님께서는 제 기도에 응답하셔서, 저의 **"온갖 구하는 것이나 생각하는 것에 더 넘치도록"**(엡 3:20) 공급해 주셨습니다. 먹고 살 길조차도 막막했던 그때에도 저는 "주님, 이제 저는 저의 남은 생애 동안에 진리의 복음을 위해서 살기를 원합니다" 하고 마음을 정했을 뿐인데, 주님께서 제가 도모하는 모든 일에 넘치도록 축복을 주셨습니다.

물론 복음을 전파하려면 우선 의식주 문제가 해결되어야 하기 때문에, 저는 생명을 걸고 일도 했습니다. 생명을 걸고 일하는 사람들은 많습니다. 그러나 생명을 걸고 일을 한다고 하나님께서 누구에게나 그렇게 엄청난 축복을 입혀 주십니까? 그렇지 않습니다. 그런데 하나님께서는 저에게 넘치도록 축복을 부어 주셨습니다. 하나님께서 저를 왜 그렇게 축복하셨겠습니까? 제가 주님의 종이고 청지기라는 분명한 믿음을 가지고 주님께 나아갔기 때문입니다. 주님께서 당신을 내어 주셔서 완성하신 **"물과 피의 복음"**만이 영생을 얻게 하는 진리의 복음이라고 저는 굳게 믿었습니다. 그리고 저는 이 진리의 원형복음을 전파하는 일에 저의 남은 생애를 온전히 드리겠다고 마음을 정했을 뿐이었습니다. 그런데 하나님께서 저를 넘치게 축복하셨고, 손해를 볼 만하면 모든 문제들은 주님께서 다 해결해 주셨습니다. 얼마 전에도 큰 손해를 볼 만한 힘든 일이 있었는데 주님께서 한 푼도 손해나지 않게 다 해결해 주셨습니다. 주님께서 왜 그렇게 저를 축복하십니까? 제가 운영하는 기업이 주님의 기업이기 때문입니다. 전능자가 친히 관여하시는 기업은 망할 수가 없습니다. 우리가 부족하고 연약해서 실수를 해도 주님께서, "아이쿠, 그래도 이 기업은 나의 청지기가 마음을 다해서 섬기는 기업인데 그 기업이 잘 되게 해야겠다" 하고 도와주십니다.

"주께서 쓰시겠다 하라"—주께서 당신의 것을 쓰시겠다고 하시는데 누가 불평할 수 있습니까? 주님께서 당신의 기업을 잘 되게 하시는데 누가 불평을 하겠습니까? 우리는 "나는 주님의 것이다"

라는 믿음을 우리의 마음에 분명히 새겨야 합니다. 그래서 우리는 주께서 나를 마음껏 쓰시기를 바라는 마음으로 우리의 남은 때를 살아야 할 것입니다.

평강의 왕으로 오신 예수님

주님께서는 제자들이 끌고 온 어린 나귀 새끼를 타고 예루살렘으로 들어가셨습니다. 백성들은 다윗의 왕위를 이어받을 이스라엘의 왕께서 오신다는 기대감에 부풀어 있었는데, 예수님은 나귀 새끼를 타고 예루살렘 성으로 들어오셨습니다. 어떻게 보면 예수님은 참으로 초라한 모습으로 예루살렘 성에 들어오셨습니다. 그러나 주님께서는 하나님의 약속의 말씀을 성취하기 위해서 그렇게 하신 것입니다. 나귀는 평민들이 탑니다. 압제하고 통치하는 왕이나 장군들은 말을 탑니다. 이는 예수님께서 우리를 압제하고 착취하러 오신 분이 아니라, 우리에게 평강의 왕으로 오셨음을 의미합니다.

멜기세덱은 소돔으로 내려가서 살다가 포로로 잡혀갔던 조카 롯을 되찾아오던 아브라함에게 나타나서 그를 축복한 하나님의 제사장입니다. **"이 멜기세덱은 살렘 왕이요 지극히 높으신 하나님의 제사장이라 여러 임금을 쳐서 죽이고 돌아오는 아브라함을 만나 복을 빈 자라 아브라함이 일체 십분의 일을 그에게 나눠주니라 그 이름을 번역한즉 첫째 의의 왕이요 또 살렘 왕이니 곧 평강의 왕이요 아비도 없고 어미도 없고 족보도 없고 시작한 날도 없고 생명의 끝도 없어 하나님 아들과 방불하여 항상 제사장으로 있느니라"**(히 7:1-3)라는 말씀대로, 살렘 왕, 즉 평강의 왕입니다. 예수님은 아브라함에게 나타나 그를 축복한 멜기세덱의 현현(顯現)입니다. 예수님은 우리보다 더 낮은 모습으로 오셔서 우리의 모든 죄를 세례로 담당하셨습니다. 그리고 예수님은 자신을 대속의 제물로 내어 주셔서 우리의 모든 죄를 속량하시고 하나님과 우리가 화평하게 해 주셨습니다. 주님은 우리를 섬기러 오신 **"의의 왕이요 또 살렘 왕이니 곧 평강의 왕"**입니다.

"♬주는 평화~ 막힌 담을 모두 허셨네~"라는 찬양이 있습니다. 예수님은 하나님과 우리 사이를 가로막고 있었던 죄의 담을 허물어 주셨습니다. 죄 때문에 하나님과 우리 사이가 단절되었었는데, 예수님께서 인류의 대표자인 세례 요한에게 안수의 형식으로 받으신 세례로 인류의 모든 죄를 단번에 담당하셔서 십자가로 지고 가셨습니다. 주님은 십자가에 못 박혀 온몸의 피를 흘리심으로 우리의 모든 죗값을 지불하시고 **"다 이루었다"**(요 19:30)라고 외치신 후에 운명하셨습니다. 주님은 세례와 십자가의 보혈로 인류의 죄의 담을 허물어 주시고 하나님과 우리가 다시 화평하도록 중재하신 평강의 왕입니다.

"시온 딸에게 이르기를 네 왕이 네게 임하나니 그는 겸손하여 나귀, 곧 멍에 메는 짐승의 새끼를 탔도다 하라 하였느니라"(마 21:5)—이 말씀은 **"시온의 딸아 크게 기뻐할찌어다 예루살렘의 딸아 즐거이 부를찌어다 보라 네 왕이 네게 임하나니 그는 공의로우며 구원을 베풀며 겸손하여서 나귀를 타나니 나귀의 작은 것 곧 나귀새끼니라"**(슥 9:9)라고 기록된 예언의 말씀을 인용한 것입니다. 예수님은 구약의 말씀을 그대로 성취하러 오신 하나님의 아들입니다. 이사야 선지자는 **"그러므로 주께서 친히 징조로 너희에게 주실 것이라 보라 처녀가 잉태하여 아들을 낳을 것이요 그 이름을 임마누엘이라 하리라"**(사 7:14)고 예언하였고, 또 **"이는 한 아기가 우**

리에게 났고 한 아들을 우리에게 주신바 되었는데 그 어깨에는 정사를 메었고 그 이름은 기묘자라, 모사라, 전능하신 하나님이라, 영존하시는 아버지라, 평강의 왕이라 할 것임이라"(사 9:6)고도 예언했습니다. 이 예언의 말씀들이 그대로 성취되지 않았습니까? 성자(聖子) 하나님께서 처녀 마리아의 몸에 성령으로 잉태되셔서 평강의 왕(King of Peace)으로 우리 가운데 오셨습니다. 주님은 우리에게 오셔서 우리의 모든 죄를 다 없애 주시고 하나님과 우리가 화평케 되는 일을 우리에게 해 주셨습니다. 우리는 이제 아무 근심 걱정이 없습니다. 우리에게는 결코 심판이 없고, 우리는 천국의 영생 복락을 누릴 하나님의 자녀가 되었기 때문입니다.

주께서 우리를 마음껏 쓰시게 하자

주님께서 당신의 생명으로 우리의 죗값을 지불하시고 우리를 사셨기 때문에, 이제 우리는 **주님의 종**이 되었습니다. 주님의 종이라는 신분은 굉장히 축복된 신분입니다. 주께서 친히 당신의 종들을 지키시고 돌보시며 그들의 앞길도 아름답게 예비하십니다. 주님의 충성스런 종들이 마음에 소원하는 바를 주께서 다 이루어 주십니다. 우리가 진정 주님의 것이 되었다면 우리가 주의 뜻을 따라서 생각하는 것이나 구하는 것에 더욱 넘치도록 주님께서 우리에게 베풀어 주신다고 저는 확신합니다.

오늘 말씀은 "우리의 주인이신 예수님께서 우리를 마음껏 쓰시게 하라"라고 교훈합니다. 여러분은 주님께 마음껏 쓰임 받기를 원합니까? 아니면, "주님께서 나를 마음껏 쓰시면 나에게는 자유가 없겠구나!" 하고 꺼려 하는 마음입니까? 여러분에게 그런 마음도 없잖아 있을 것입니다. 주님의 충성스러운 종으로 살면 자유가 없고 재미도 없을 것 같습니까? 그러나 그렇지 않습니다. 주님의 종이 된 삶에는 오히려 충만한 기쁨이 있습니다. 주님의 종들에게 왜 자유가 없겠습니까? 우리가 자유가 없다면 신앙생활도 포기할 사람들이라는 것도 주님은 잘 아십니다. 주님께서는 우리에게 자유를 마음껏 누리면서 주님을 섬기게 하셨습니다. 주님은 우리가 자원함과 기쁨으로 주님의 뜻을 따르며 섬기게 하십니다. 주님께서 우리를 당신의 일꾼과 종으로 삼으신 것은 우리에게 큰 축복입니다.

 말씀을 마쳤습니다.

하나님께서 우리를
기도하는 자들로 세우셨다

"예수께서 예루살렘에 들어가시니 온 성이 소동하여 가로되 이는 누구뇨 하거늘

무리가 가로되 갈릴리 나사렛에서 나온 선지자 예수라 하니라

예수께서 성전에 들어가사 성전 안에서 매매하는 모든 자를 내어쫓으시며 돈 바꾸는 자들의 상과 비둘기 파는 자들의 의자를 둘러 엎으시고

저희에게 이르시되 기록된바 내 집은 기도하는 집이라 일컬음을 받으리라 하였거늘 너희는 강도의 굴혈을 만드는도다 하시니라

소경과 저는 자들이 성전에서 예수께 나아오매 고쳐주시니

대제사장들과 서기관들이 예수의 하시는 이상한 일과 또 성전에서 소리질러 호산나 다윗의 자손이여 하는 아이들을 보고 분하여

예수께 말하되 저희의 하는 말을 듣느뇨 예수께서 가라사대 그렇다 어린 아기와 젖먹이들의 입에서 나오는 찬미를 온전케 하셨나이다 함을 너희가 읽어 본 일이 없느냐 하시고

그들을 떠나 성밖으로 베다니에 가서 거기서 유하시니라

이른 아침에 성으로 들어오실 때에 시장하신지라

길 가에서 한 무화과나무를 보시고 그리로 가사 잎사귀 밖에 아무 것도 얻지 못하시고 나무에게 이르시되 이제부터 영원토록 네게 열매가 맺지 못하리라 하시니 무화과나무가 곧 마른지라

제자들이 보고 이상히 여겨 가로되 무화과나무가 어찌하여 곧

말랐나이까

예수께서 대답하여 가라사대 내가 진실로 너희에게 이르노니 만일 너희가 믿음이 있고 의심치 아니하면 이 무화과나무에게 된 이런 일만 할뿐 아니라 이 산더러 들려 바다에 던지우라 하여도 될 것이요

너희가 기도할 때에 무엇이든지 믿고 구하는 것은 다 받으리라 하시니라"(마 21:10-22).

삶 속에서 어려움을 겪을 때에 여러분은 기도를 얼마나 하십니까? 혹시 여러분은 기도를 하는 대신에 염려를 많이 합니까? 하나님을 믿는 우리에게 있어서, 기도의 분량과 염려의 분량은 시소의 양끝과 같이 정반대로 나타납니다. 하나님을 믿음으로 기도하는 사람은 염려하지 않습니다. 그런데 기도하지 않는 사람은 늘 걱정과 염려에 휩싸여 살아갑니다. 여러분이 여러 가지 어려움을 겪으면서도 기도를 하지 않는다면 그것은 여러분이 하나님을 믿지 않기 때문입니다. 하나님의 살아 계심과 전능하심을 믿지 않는 사람은 기도를 드릴 필요를 전혀 느끼지 못합니다.

여러분은 기도를 얼마나 합니까? 여러분은 또 무엇을 위해서 기도합니까? 우리는 이런 질문에 솔직하게 대답을 해봐야 합니다. 기도하지 않는 사람은 살아 계신 하나님께서 역사하시고 도우신다는 사실을 믿지 않기 때문에 기도를 하기보다는 염려를 많이 합니다. 믿음이 없는 사람은 수많은 근심으로 인해 늘 한숨만 푹푹 쉽니다. 그러나 믿음의 사람은 태산 같은 문제들을 앞에 놓고도 하나님의 전능하심을 확신하기 때문에 평안하고 담대합니다. 믿음의 사람은 어떤 문제가 있으면 무엇이 하나님의 뜻인지를 먼저 생각합

니다. 그리고 하나님의 뜻이 확인이 되면 태산 같은 문제를 앞에 두고도 담대하게 기도합니다. "하나님 아버지, 이 일은 반드시 이렇게 되어야만 합니다. 하나님께서 도와주시고 역사해 주십시오" 그러면 주님께서 **"이 산더러 들려 바다에 던지우라 하여도 될 것이요 너희가 기도할 때에 무엇이든지 믿고 구하는 것은 다 받으리라"** 라고 약속하신 말씀대로 모든 문제들을 다 해결해 주십니다.

주님께서 예루살렘 성전(聖殿)에 들어가셨는데, 당시의 성전은 장사꾼들의 소굴이 되어 있었습니다. 제사장들이나 일부 백성들은 성전에서 기도하기보다는 성전을 통해서 돈 버는 일에 분주했습니다. 비둘기 파는 사람, 양이나 염소를 파는 사람, 외국의 화폐를 바꿔 주는 환전상들, 동냥하는 거지들로 당시의 성전은 도떼기시장이 되어 있었습니다. 제사장들과 관원들도 장사꾼들로부터 뜯어먹는 수입이 쏠쏠했기 때문에 그런 상황을 비호하고 방관했습니다. 그러나 예수님께서는 성전 안에서 매매하는 모든 자를 내어쫓으시며 돈 바꾸는 자들의 상과 비둘기 파는 자들의 의자를 둘러엎으시고, **"내 집은 기도하는 집이라 일컬음을 받으리라 하였거늘 너희는 강도의 굴혈을 만드는도다"** 라고 그들을 책망하셨습니다.

기도하는 자가 되려면 먼저 성전을 깨끗이 해야

성전(聖殿)을 깨끗하게 하신 주님께서 **"내 집은 기도하는 집이라 일컬음을 받으리라"** 라고 선포하셨습니다. 하나님의 성전의 본령(本領)을 회복시키신 것입니다. 이 말씀은 거듭난 우리 개개인에게도 적용되어야 하는 말씀입니다. **"너희가 하나님의 성전인 것과 하나님의 성령이 너희 안에 거하시는 것을 알지 못하느뇨"** (고전

3:16)라고 말씀하신 바, 영적으로 보면 우리 자신이 하나님의 성령이 거하시는 성전(聖殿)입니다. 기도의 사람이 되려면 먼저 우리의 마음을 깨끗하게 할 필요가 있습니다. 여러분의 마음이 주님께서 기뻐하실 정결한 마음입니까? 우리의 마음을 정직하게 들여다보면 온갖 더러운 것들로 가득 차 있을 수 있습니다. 만일 우리의 마음이 **"육신의 정욕과 안목의 정욕과 이생의 자랑"**(요일 2:16)으로 가득 차 있다면, 우리의 마음은 장사꾼들과 야바위꾼들로 가득 찼던 예수님 당시의 성전과 다를 바가 없습니다. **"무릇 지킬만한 것보다 더욱 네 마음을 지키라 생명의 근원이 이에서 남이니라"**(잠 4:23)—거듭난 의인들은 하나님 앞에서 마음을 바르게 지켜야 합니다. 주님께서 도떼기시장 같은 성전에 들어가셔서 분노하셨듯이 우리가 우리의 마음을 온갖 더러운 것들로 가득 채우고 있어서는 주님의 진노를 피할 수 없습니다. 그래서 우리는 먼저 하나님의 뜻을 지향해서 마음을 깨끗하게 하고, 우리의 마음을 만민의 구원을 위해서 기도하는 집으로 삼아야 합니다.

거듭난 우리들은 **"기도하는 사람들"**입니다. 하나님과 마음이 연합된 사람은 기도할 제목들이 너무너무 많습니다. 거듭난 의인들의 신앙생활은 기도로 시작하고 기도로 견디며 기도로 마무리됩니다. 우리는 하나님의 뜻이 무엇인지를 잘 아는데 우리에게는 아무 능력이 없기 때문에, 하나님과 마음을 연합한 사람은 기도를 할 수밖에 없습니다. 우리는 영혼들의 구원을 위해서 기도하고, 성도들이 겪는 어려움들을 해결해 달라고 기도하고, 복음 전파를 위한 사역들을 위해서 기도하고, 함께 복음을 전파하는 일꾼들을 영육간에 지켜 달라고 기도합니다.

무화과나무를 말리신 뜻

저녁이 되자 예수님께서 성 밖으로 나가셔서 베다니(Bethany)에서 묵으셨습니다. 베다니는 예루살렘 성에서 오리(五里, about two miles, 요 11:18) 정도 떨어진 곳에 위치한 마을입니다. 베다니에는 예수님께서 사랑하시는 나사로와 그의 두 누이인 마르다와 마리아가 살고 있었습니다. 아마 예수님께서는 이번에도 나사로의 집에서 묵으셨을 것입니다. 그렇게 베다니에서 하룻밤을 지내시고 예수님께서는 다시 예루살렘 성으로 들어가시려고 이른 아침에 길을 나섰는데 몹시 시장하셨습니다. 예수님께서 몹시 시장기를 느끼시고 둘러보셨더니 저기에 잎이 아주 무성한 무화과나무가 있었습니다. 예수님께서 그 무화과나무에 열매가 많이 달렸거니 기대하시고 가까이 가서 보았더니, 잎만 무성하고 열매는 하나도 없었습니다. 이에 예수님은 **"이제부터 영원토록 네게 열매가 맺지 못하리라"**(마 21:19)고 그 나무를 저주하셨습니다. 그러자 그 무화과나무는 곧 말랐습니다. 마가복음에는 그 무화과나무가 **"뿌리로부터 말랐다"**(막 11:20)라고 기록되어 있습니다. 너무나 기이한 장면을 본 제자들은 **"무화과나무가 어찌하여 곧 말랐나이까?"** 하고 주님께 여쭈었습니다.

아버지의 뜻을 행하는 것이 양식인 주님

마가복음은 그때가 **"무화과 때가"**(막 11:13) 아니었기에 그 무화과나무에는 열매가 없었다고 기록되어 있습니다. 그런데 주님께서 왜 그 무화과나무를 저주하시고 뿌리까지 마르게 하셨겠습니까?

주님께서는 우리 영혼의 유익을 위해서 이적을 베푸시고 교훈을 주셨습니다. 주님께서 무화과나무를 저주하시기 전에 시장하셨습니다. 이는 주님의 마음이 늘 영적으로 시장하심을 의미합니다. 주님은 하나님 아버지의 뜻을 이뤄드리는 일에 늘 주리고 목말라하셨습니다. 예수님께서 수가(Sychar) 성(城) 밖의 야곱의 우물가에서 한 여인에게 말씀을 전하셨는데, 그 여인이 물동이를 버려둔 채로 마을로 돌아간 후에야 제자들은 마을에서 양식을 구해서 돌아왔습니다. 그리고 주님께 음식 잡수시기를 권했습니다. 예수님께서는 제자들에게 **"내게는 너희가 알지 못하는 먹을 양식이 있느니라…예수께서 이르시되 나의 양식은 나를 보내신 이의 뜻을 행하며 그의 일을 온전히 이루는 이것이니라"**(요 4:32, 34)고 대답하셨습니다. 주님은 **"물과 피로 임"**(요일 5:6)하셔서 전 인류를 죄에서 구원하는 사역을 온전히 이루어야 했습니다. 그리고 주님은 모든 사람이 **"물과 피의 복음"**을 믿음으로 아버지의 뜻이 하늘에서 이루어진 것같이 땅에서도 이루어지기를 간절히 원하셨습니다. 그것이 주님의 양식이었습니다. 주님께서는 당신께 맡기신 아버지의 뜻을 이루어 드리는 일에 항상 시장하셨습니다.

예수님께서 **"내가 진실로 너희에게 이르노니 만일 너희가 믿음이 있고 의심치 아니하면 이 무화과나무에게 된 이런 일만 할뿐 아니라 이 산더러 들려 바다에 던지우라 하여도 될 것이요 너희가 기도할 때에 무엇이든지 믿고 구하는 것은 다 받으리라 하시니라"** 라고 엄청난 약속의 말씀을 하셨습니다. 우리가 영적인 시장함으로 기도하면, 하나님께서 반드시 들으십니다. 여러분은 영적 시장함으로 간절히 기도합니까? 우리가 자기 욕망을 채우기 위해서, "하나님 아버지, 저에게 로또가 당첨되게 해 주옵소서. 저도 한번 조물주 위의 건물주가 되게 해 주옵소서"라고 기도한다면 그것을 하나님께서 기뻐하시겠습니까? 그런 기도는 영적 시장함을 가진 성도의 기도가 아닙니다. 우리가 하나님의 뜻을 이루는 일에 주님과 동일한 시장기를 느끼며 믿음으로 구하고 조금도 의심치 아니하면 우리 앞에 어떤 태산 같은 어려움이 있더라도 **"그것이 들려서 바다에 빠지라"** 하면 그대로 된다고 주님께서 약속하셨습니다. 주님 말씀은 한 점 한 획도 땅에 떨어지지 않고 다 이루어집니다.

저는 주님의 말씀을 믿습니다. 저도 하나님의 뜻을 좇는 일을 포기하고 싶은 적이 많았습니다. "그냥 나 혼자나 이 진리의 복음을 믿고 살다가 가면 되지 무엇을 한다고 이렇게 용을 쓰고 있나?" 하는 시험을 저도 많이 겪었습니다. 그러나 하나님께서 여러분들을 하나씩 불러 모아 주셔서, 이제는 하나님의 교회를 이루게 하시고 여러분과 함께 복음을 전파하게 하셨습니다. 제가 "우리를 부르신 하나님의 뜻은 이 진리의 복음을 전파하는 것이구나!" 하고 확신한 후에는, 하나님의 일에 시장해서 간절한 마음으로 주님께 기도를 드리면 하나님께서 반드시 역사하셨습니다. 물론 큰 어려움이 오면 저도 먼저 염려에 휩싸이곤 합니다. 한숨이 먼저 나오고 잠도 잘 안 옵니다. 그러다가 저는 다시 정신을 차리고 일어나서 하나님의 말씀을 붙들고 "하나님, 이 일은 하나님의 일입니다. 하나님께서 해결해 주시옵소서" 하고 기도를 드립니다. 그러면 하나님께서 다 해결해 주십니다. 영혼의 구원 사역에 시장하신 주님과 마음을 연합하고 그 뜻을 위해서 기도하는 것은 하나님께서 반드시 들으십니다.

하나님의 뜻을 따라 기도하면
하나님께서 반드시 응답하십니다

"몸이 하나이요 성령이 하나이니 이와 같이 너희가 부르심의 한 소망 안에서 부르심을 입었느니라 주도 하나이요 믿음도 하나이요 세례도 하나이요 하나님도 하나이시니 곧 만유의 아버지시라 만유 위에 계시고 만유를 통일하시고 만유 가운데 계시도다"(엡 4:4-6)라고 말씀하셨습니다. 예수 그리스도께서 받으신 세례가 우리 인류의 모든 죄를 담당한 역사라고 믿는 우리는 "**죄 사함으로 말미암는 구원**"(눅 1:77)을 받고 성령님을 선물로 받았습니다. 이제 하나인 "**세례**"를 믿음으로 죄 사함을 받고 하나님의 교회의 일원이 된 우리 의인들은 주의 나라를 위해서 하나님께 담대하게 간구해야 합니다. 주님께서도 "**만일 너희가 믿음이 있고 의심치 아니하면 이 무화과나무에게 된 이런 일만 할뿐 아니라 이 산더러 들려 바다에 던지우라 하여도 될 것이요 너희가 기도할 때에 무엇이든지 믿고 구하는 것은 다 받으리라**"(마 21:21-22)고 약속하셨습니다.

"그런즉 너희가 먹든지 마시든지 무엇을 하든지 다 **하나님의 영광을 위하여 하라**"(고전 10:31)고 주님께서 말씀하십니다. 우리가 구하는 바가 하나님의 영광을 위한 것이라면 담대하게 구하십시오. 그러면 하나님께서 반드시 들으십니다. 여러분 중에 결혼하고 싶어 하는 분도 있습니까? 그런 분은 "내가 왜 결혼하고 싶어서 안달인가?" 하는 생각을 먼저 해 보아야 합니다. 자기의 소원하는 바가 "결혼을 해서 배우자와 한 몸을 이루어 주님을 섬기기 위한 것"이라면 담대하게 구하십시오. 그러면 하나님께서 믿음의 짝을 허락해 주실 것입니다. 그러나 육신의 욕망을 채우기 위해서 구하는 짝이라면, 여러분의 배우자가 여러분의 신앙생활에 큰 걸림돌이 될 것입니다. 우리는 **"먹든지 마시든지 무엇을 하든지 다 하나님의 영광을 위하여"** 행해야 할 것입니다. 이 말씀이 거듭난 의인들이 어떤 선택의 기로에 섰을 때마다 그들이 올바른 선택을 하게 하는 기준입니다.

예수님께서는 영적으로 몹시 시장하셨기에, 잎만 무성하고 아무 열매가 없는 무화과나무를 저주하셨습니다. 나와 여러분은 하나님의 뜻을 이뤄드리는 일에 영적으로 시장해야 합니다. 영혼의 구원에는 아무 관심도 없고 오직 자기 육신의 욕망만 좇아가는 자들은 자기 마음의 성전을 뒤집어엎어야 합니다. 주님은 우리의 마음의 성전을 깨끗게 하심으로써, 우리의 마음이 성전의 본령(本領)을 회복해서 만민을 위해서 **"기도하는 집"**으로 삼기를 원하십니다. 하나님의 선한 뜻을 믿음으로 담대히 청원하고 간구하는 기도의 소리가 우리의 마음 성전에서 끊이지 않기를 주님은 바라십니다.

우리 심령의 믿음의 기도가 성전에서 드리는 새벽 제사의 향(香)처럼 날마다 향기롭게 하나님께 드려지기를 바랍니다.

말씀을 마쳤습니다.

하늘로부터 온 요한의 세례

"예수께서 성전에 들어가 가르치실째 대제사장들과 백성의 장로들이 나아와 가로되 네가 무슨 권세로 이런 일을 하느뇨 또 누가 이 권세를 주었느뇨

예수께서 대답하시되 나도 한 말을 너희에게 물으리니 너희가 대답하면 나도 무슨 권세로 이런 일을 하는지 이르리라

요한의 세례가 어디로서 왔느냐 하늘로서냐 사람에게로서냐 저희가 서로 의논하여 가로되 만일 하늘로서라 하면 어찌하여 저를 믿지 아니하였느냐 할것이요

만일 사람에게로서라 하면 모든 사람이 요한을 선지자로 여기니 백성이 무섭다 하여

예수께 대답하여 가로되 우리가 알지 못하노라 하니 예수께서 가라사대 나도 무슨 권세로 이런 일을 하는지 너희에게 이르지 아니하리라

그러나 너희 생각에는 어떠하뇨 한 사람이 두 아들이 있는데 맏아들에게 가서 이르되 얘 오늘 포도원에 가서 일하라 하니

대답하여 가로되 아버지여 가겠소이다 하더니 가지 아니하고

둘째 아들에게 가서 또 이같이 말하니 대답하여 가로되 싫소이다 하더니 그 후에 뉘우치고 갔으니

그 둘 중에 누가 아비의 뜻대로 하였느뇨 가로되 둘째 아들이니이다 예수께서 저희에게 이르시되 내가 진실로 너희에게 이르노니 세리들과 창기들이 너희보다 먼저 하나님의 나라에 들어가리라

요한이 의의 도로 너희에게 왔거늘 너희는 저를 믿지 아니하였으되 세리와 창기는 믿었으며 너희는 이것을 보고도 종시 뉘우쳐

믿지 아니하였도다

다시 한 비유를 들으라 한 집 주인이 포도원을 만들고 산울로 두르고 거기 즙 짜는 구유를 파고 망대를 짓고 농부들에게 세로 주고 타국에 갔더니

실과 때가 가까우매 그 실과를 받으려고 자기 종들을 농부들에게 보내니

농부들이 종들을 잡아 하나는 심히 때리고 하나는 죽이고 하나는 돌로 쳤거늘

다시 다른 종들을 처음보다 많이 보내니 저희에게도 그렇게 하였는지라

후에 자기 아들을 보내며 가로되 저희가 내 아들은 공경하리라 하였더니

농부들이 그 아들을 보고 서로 말하되 이는 상속자니 자 죽이고 그의 유업을 차지하자 하고

이에 잡아 포도원 밖에 내어쫓아 죽였느니라

그러면 포도원 주인이 올 때에 이 농부들을 어떻게 하겠느뇨

저희가 말하되 이 악한 자들을 진멸하고 포도원은 제때에 실과를 바칠만한 다른 농부들에게 세로 줄찌니이다

예수께서 가라사대 너희가 성경에 건축자들의 버린 돌이 모퉁이의 머릿돌이 되었나니 이것은 주로 말미암아 된것이요 우리 눈에 기이하도다 함을 읽어 본 일이 없느냐

그러므로 내가 너희에게 이르노니 하나님의 나라를 너희는 빼앗기고 그 나라의 열매 맺는 백성이 받으리라

이 돌 위에 떨어지는 자는 깨어지겠고 이 돌이 사람 위에 떨어지면 저를 가루로 만들어 흩으리라 하시니

대제사장들과 바리새인들이 예수의 비유를 듣고 자기들을 가리켜 말씀하심인줄 알고

잡고자 하나 무리를 무서워하니 이는 저희가 예수를 선지자로 앎이었더라"(마 21:23-46).

하나님께서 보내신 세례 요한의 사역

오늘 우리가 핵심적으로 볼 말씀은 **"요한의 세례가 어디로서 왔느냐 하늘로서냐 사람에게로서냐"**(마 21:25)라는 구절과 **"요한이 의의 도로 너희에게 왔거늘 너희는 저를 믿지 아니하였으되 세리와 창기는 믿었으며 너희는 이것을 보고도 종시 뉘우쳐 믿지 아니하였도다"**(마 21:32)라는 구절의 말씀입니다. 요한의 세례는 하나님께로부터 왔습니다. 그리고 세례 요한은 사람들이 자기의 증거를 인하여 예수님을 믿게 하려고 **"의의 도"**를 전파했습니다. 오늘날의 기독교인들은 세례 요한과 그의 사역을 경홀히 여기는 경향이 있습니다. 그러나 세례 요한은 **"하나님께로서 보내심을 받은 사람"**(요 1:6)이며, 예수님께서는 세례 요한을 가리켜 **"여자가 낳은 자 중에 세례 요한보다 큰이가 일어남이 없도다"**(마 11:11)라고 증거하셨습니다. 세례 요한은 인류 전체에서 가장 큰 자, 즉 인류의 대표자입니다.

세례 요한의 사역은
크게 셋으로 요약할 수 있습니다.

첫째, 세례 요한은 이스라엘 백성들이 구원자로 오신 하나님의

아들을 영접할 수 있도록 그들의 마음을 준비시키는 일을 했습니다. 세례 요한은 하나님을 배반한 이스라엘 백성을 향해서 **"회개하라 천국이 가까왔느니라"**(마 3:2)라고 외쳤습니다. 그래서 하나님께 등을 돌렸던 많은 백성들이 세례 요한에게 나와서 자기들의 죄를 자복하고 요단강의 물로 세례를 받았습니다. 이는 **"광야에 외치는 자의 소리가 있어 가로되 너희는 주의 길을 예비하라 그의 첩경을 평탄케 하라"**(사 40:3-5, 마 3:3)는 예언의 말씀이 성취된 것입니다. **"골짜기마다 돋우어지며 산마다, 작은 산마다 낮아지며 고르지 않은 곳이 평탄케 되며 험한 곳이 평지가 될 것이요"**(사 40:4)—예수 그리스도를 구주와 왕으로 영접하려면 우리의 마음에 대로(大路)가 닦여 있어야 합니다. 교만했던 마음은 하나님의 말씀 앞에서 깨어져서 낮아지고, 자기의 비참한 모습을 발견하고 골짜기처럼 낙담한 자들은 용기를 북돋아 주어서 모든 사람들이 구원의 주님을 맞이할 수 있게 하려고 세례 요한은 백성들에게 회개를 촉구하였습니다.

둘째, 세례 요한은 참 빛 즉 구원자로 오신 하나님의 아들을 찾아내서 증거함으로써 그들이 예수님을 구주로 믿고 구원을 받도록 하였습니다. 세례 요한은 진정으로 회개한 백성들에게만 물로 세례를 베풀었습니다. 요한은 진정한 회개 없이 세례를 받으려던 바리새인들과 사두개인들에게, **"독사의 자식들아 누가 너희를 가르쳐 임박한 진노를 피하라 하더냐"**(마 3:7) 하고 책망하며 세례를 베풀지 않았습니다. 세례 요한은 백성들에게 회개의 표로 세례를 베풀면서 예수님을 소개했습니다. "나는 너희에게 물로 세례를 베풀지만 그분은 너희에게 불과 성령으로 세례를 베풀 것이다. 나 같은 자는 그분의 신발 끈을 풀어드릴 자격조차 없을 정도로 그분은 높은 분이다. 너희 가운데 이미 그분께서 와 계신다. 나도 그분이 누구신지 아직은 모른다. 그러나 나를 보내서 물로 세례를 주라고 하신 하나님께서 '성령이 내려서 비둘기 모양으로 누구 위에든지 내리는 것을 보거든 그가 곧 성령으로 세례를 주는 이인 줄 알라'라고 말씀하셨다"—세례 요한은 이렇게 외쳤습니다.

셋째, 세례 요한은 예수님의 머리에 안수의 형식으로 세례를 베풀어서 전 인류의 죄를 단번에 예수님의 육체로 넘기는 사역을 감당하였습니다. 그리고 이 사역이 세례 요한의 사역 중에서 가장 중요한 부분입니다. 세례 요한이 진정으로 회개한 이스라엘 백성들에게 요단강에서 물로 세례를 주고 있을 때에 예수님께서 세례 요한에게 다가오셨습니다. 그때에 세례 요한은 "이분이 바로 구원자로 오신 하나님의 아들이로구나!" 하고 직감(直感)했습니다. 그래서 그는 **"내가 당신에게 세례를 받아야 할 터인데 당신이 내게로 오시나이까"** 하고 황급히 예수님께 머리를 조아렸습니다. 그러자 예수님은, **"이제 허락하라 우리가 이와 같이 하여 모든 의를 이루는 것이 합당하니라"**(마 3:15)고 요한에게 명령하셨습니다.

"이제 허락하라"(Permit it to be so now, NKJV)라는 말씀은 "이제 너는 내 머리에 안수(按手)의 형식으로 세례를 베풀어라"라는 주님의 명령입니다. 속죄제사에서의 안수(按手)는 죄를 희생제물에게 넘기는 하나님의 법입니다. 구약의 이스라엘 백성들은 죄를 범하면 흠 없는 제물(양이나 염소)을 준비해서 성막(聖幕)으로 끌고 나왔습니다. 그리고 죄인은 제물의 머리에 안수해서 자기의 죄를 제물에게 넘긴 후에, 그 제물의 목을 따서 죽임으로써 죄 사함을 받았습니다.

이스라엘 백성들은 또 1년에 한 번씩, 즉 제 7월 제 10일에 대속죄일(大贖罪日, the Day of Atonement)의 제사를 드려서 지난 1년 치 죄를 단번에 사함 받았습니다. 이날에는 대제사장이 홀로 대속의 제사를 집전(執典)했는데, 대제사장은 먼저 자기와 자기의 가족들의 죄를 넘기기 위해서 수송아지의 머리에 안수하고, 그 송아지를 잡아서 그 피를 들고 지성소에 들어갔습니다. 대제사장은 향연으로 가득 채운 지성소에서 **"수송아지의 피를 취하여 손가락으로 속죄소 동편에 뿌리고 또 손가락으로 그 피를 속죄소 앞에 일곱 번"**(레 16:14) 뿌려서 죄 사함을 받았습니다. 그는 또 이스라엘 백성 전체의 1년 치 죄를 속죄하기 위해서 미리 준비했던 숫염소 한 마리로 수송아지와 같은 방법으로 속죄의 제사를 드렸습니다. 그는 수송아지와 숫염소의 남은 피를 가지고 번제단으로 나와서 **"단 귀퉁이 뿔들에 바르고 또 손가락으로 그 피를 그 위에 일곱 번 뿌려 이스라엘 자손의 부정에서 단을 성결"**(레 16:18-19)하게 했습니다.

　"그 지성소와 회막과 단을 위하여 속죄하기를 마친 후에 산 염소를 드리되 아론은 두 손으로 산 염소의 머리에 안수하여 이스라엘 자손의 모든 불의와 그 범한 모든 죄를 고하고 그 죄를 염소의 머리에 두어 미리 정한 사람에게 맡겨 광야로 보낼찌니 염소가 그들의 모든 불의를 지고 무인지경에 이르거든 그는 그 염소를 광야에 놓을찌니라"(레 16:20-22). 대제사장 아론은 지성소와 회막과 단을 위하여 속죄하기를 마친 후에 남겨두었던 숫염소 한 마리를 끌고 성막 밖으로 나왔습니다. 그는 백성들이 보는 가운데 그 숫염소의 머리에 **안수**(按手)하고 이스라엘 백성 전체가 지난 일 년 동안 지은 죄를 고해서 그 모든 죄를 염소의 머리로 넘겼습니다. 그리고 그 염소를 사막 깊은 곳에 버려서 죽임으로써 그 모든 죄의 사함을 받았습니다. **"육체의 생명은 피에 있음이라 내가 이 피를 너희에게 주어 단에 뿌려 너희의 생명을 위하여 속하게 하였나니 생명이 피에 있으므로 피가 죄를 속하느니라"**(레 17:11)는 말씀대로 대속의 제물이 피 흘리고 죽음으로써 속죄의 제사는 완성됩니다.

그러나 만일 그 제물의 머리에 안수(按手)로 죄를 넘기지 않았다면 대속의 제물이 피를 흘리고 죽었어도 그 제사는 무효(無效)입니다. 이와 같이 1) 흠 없는 제물, 2) 안수, 3) 피 흘림(제물의 죽음)은 합당한 속죄제사의 필수 요건입니다. 그리고 구약의 속죄제사로 계시된 하나님의 구원이 예수님의 **"한 영원한 제사"**(히 10:12)를 통해서 온전히 성취되었습니다. 예수님은 육신을 입고 오신 성자(聖子) 하나님입니다. 따라서 예수님은 전 인류의 죄를 담당하기에 부족함이 없는 **"흠 없는 제물"**입니다. 예수님은 대제사장 아론의 후손이며 인류의 대표자인 세례 요한에게 안수의 형식으로 세례를 받으셨습니다. 이 세례로 세상 죄가 단번에 예수님께로 넘어가서 심어졌습니다. 그리고 세상 죄를 짊어지신 예수님은 십자가에 못 박혀서 당신의 보혈을 다 쏟으신 후에 **"다 이루었다"**(요 19:30)라고 외치시고 돌아가셨습니다. 이와 같이 1) 흠 없는 제물, 2) 안수, 3) 피 흘림(제물의 죽음)이라는 합당하고 영원한 속죄의 제사가 예수님으로 인해 하나님께 드려졌습니다.

"모든 의"를 이루기 위해서 예수님께서 받으신 세례

구약시대에 율법을 따라 드렸던 대속죄일의 제사는 **"장차 오는 좋은 일의 그림자"**(히 10:1), 즉 예수님께서 드려 주실 영원한 속죄제사의 예고편이었습니다. 이제 육신을 입고 오신 하나님의 아드님께서 인류의 죄를 담당하시려고 세례 요한 앞에 서셨습니다. 그리고 세례 요한은 **"이제 허락하라 우리가 이와 같이 하여 모든 의를 이루는 것이 합당하니라"**(마 3:15)는 예수님의 명령을 받고, 예수님의 머리에 안수의 형식으로 세례를 베풀었습니다. 세례 요한은 여자가 낳은 자 중에 가장 큰 자, 즉 인류의 대표자입니다. 그가 전 인류를 위한 흠 없는 제물이 되려고 육신을 입고 오신 하나님의 어린양의 머리에 안수를 베풀었습니다. 이때에 세상 죄는 세례 요한의 어깨와 팔을 타고 예수님께로 넘어간 것이 확실합니다. 예수님께서는 안수를 받은 채로 물에 잠겼다가 다시 일어나셨습니다. 이는 주님께서 세상 죄를 지고 십자가로 가셔서 돌아가실 것과 다시 살아나실 것을 예언하는 예표(豫表)입니다. 이와 같이 예수님께서 세례 요한에게 받으신 세례 안에는 인류의 구원사역이 다 함축(숨蓄)되어 있습니다. 예수님께서 세례를 받으시고 물에서 올라오실 때에, 성령님께서 비둘기 형상으로 예수님 위에 임하시고 하늘로부터 **"이는 내 사랑하는 아들이요 내 기뻐하는 자라"**(마 3:17)는 하나님 아버지의 음성이 들렸습니다.

예수님께서 세례를 받으신 이튿날, 세례 요한은 예수께서 자기 앞을 지나가시는 것을 보고 **"보라 세상 죄를 지고 가는 하나님의 어린양이로다"**(요 1:29)라고 자기의 제자들에게 증거했습니다. 그리고 세례 요한은 자기의 제자들을 예수님께로 보냈습니다. 이제는 주님의 구원사역에 있어서 자기가 감당해야 했던 사역이 끝났다는 뜻입니다. 그래서 세례 요한의 제자였던 안드레와 요한은 주님을 따라가서 주님과 함께 하룻밤을 지내고 그날로 주님의 제자가 되었습니다. 그들은 자기들의 스승이었던 요한의 증거를 통해서 예수님이 구원자로 오신 하나님의 아들이라는 사실을 확신했습니다.

요한의 세례가 하늘로서냐 사람에게로서냐?

예수님께서 예루살렘 성전을 확 뒤집어엎으신 사건이 있었습니다. 당시의 성전은 도떼기시장과 같이 장사꾼들로 북적거리고 있었습니다. 주님은 "**내 집은 만민의 기도하는 집**"이라는 아버지의 말씀을 기억하고 하나님의 성전을 사랑하는 열정이 불같이 끓어 올라와서, 노끈으로 채찍을 만들어서 소나 가축들을 성전에서 모두 쫓아내시고 비둘기 파는 자들과 환전상들의 상을 뒤집어엎으셨습니다. 주님으로 말미암아 성전이 깨끗하게 되었고, 성전은 모든 사람들이 조용히 예배와 기도를 드릴 수 있는 본래의 모습을 되찾았습니다. 그러니까 대제사장이나 장로들도 성전을 정화(淨化)하신 일 자체에 대해서는 시비를 걸 수가 없었습니다. 그들은 다만 예수님께 "당신이 무슨 권세로 이런 일을 했냐?"라고 따질 뿐이었습니다. "네가 대제사장이냐? 네가 백성들의 장로냐? 네가 누군데 무슨 권세로 이런 일을 했느냐?"라는 것입니다.

그때 예수님께서는 "**나도 한 말을 너희에게 물으리니 너희가 대답하면 나도 무슨 권세로 이런 일을 하는지 이르리라 요한의 세례가 어디로서 왔느냐 하늘로서냐 사람에게로서냐**"(마 21:24-25)라고 그들에게 반문(反問)하셨습니다.

세례 요한은 "**하나님께로서 보내심을 받은 사람**"(요 1:6)이며 그가 예수님께 베푼 세례는 "**이와 같이 하여 모든 의를 이루는 것이 합당**"(마 3:15)한 안수(按手)의 세례였습니다. 구약의 안수(按手)가 신약의 세례(洗禮)입니다. "**그 세례**"(the Baptism, 행 10:37)

의 의미를 깨닫게 하려고 세례 요한은 진정으로 회개한 백성들에게도 물로 세례를 주었습니다. 요한의 세례는 분명 하나님께로부터 온 것입니다. 요한의 세례는 하나님께서 예정하신 합당한 구원의 방법입니다. 구약의 속죄제사에서 안수를 하지 않고 희생제물을 잡았다면 그 제사가 무효였듯이, 만일 여러분이 예수님께서 안수의 형식으로 세례를 받아서 세상 죄를 담당하신 진리를 빼놓고 십자가의 피만을 믿는다면 그러한 믿음은 여러분의 구원에 아무 소용이 없습니다.

의의 도를 전한 세례 요한

세례 요한은 안수의 형식으로 예수님께 세례를 베풀어서 세상 죄를 단번에 예수님께 넘기는 중차대한 사역을 감당했습니다. 세례 요한은 예수님께 세례를 베풀기 전에도 진정으로 회개한 이스라엘 백성들에게 물로 세례를 베풀면서 **"의의 도,"** 즉 진리의 복음을 전했습니다. 세례 요한의 아버지는 아론의 손자인 아비야 반열(班列)의 제사장이었고 그의 어머니 엘리사벳도 대제사장 아론의 후손입니다. 그러니 세례 요한은 대제사장 아론의 성골(聖骨) 후손이라고 말할 수 있습니다. 그는 어려서부터 나실인으로 살았고 하나님 말씀에 순종한 충성스러운 종입니다.

제사장의 아들인 그는 흠 없는 양이나 염소의 머리에 안수해서 그 제물이 대신 피 흘려 죽음으로 대속의 구원을 받게 하신 하나님의 구원의 계시를 잘 알고 있었습니다. 그래서 그는 백성들에게 하나님의 아들이 친히 육신을 입고 오셔서 그들이 받는 세례와 같은 안수의 방식으로 전 인류의 죄를 단번 만에 담당하시고 대속하실 것이라는 "의의 도"를 전파하면서 백성들에게 세례를 베풀었습니다. 진정으로 죄 때문에 신음했던 백성들은 세례 요한의 책망을 듣고 돌이켜서 자기들의 죄를 자복하고 세례를 받았습니다. 그러나 대제사장들과 백성들의 장로들은 요한의 증거를 믿지 않았습니다. 그래서 후에 예수께서 종교지도자들에게 "**요한이 의의 도로 너희에게 왔거늘 너희는 저를 믿지 아니하였으되 세리와 창기는 믿었으며 너희는 이것을 보고도 종시 뉘우쳐 믿지 아니하였도다**"(마 21:32)라고 책망하신 것입니다.

세례 요한의 증거를 믿지 않는 오늘날의 기독교인들

오늘날의 기독교인들도 똑같습니다. 오늘날의 종교지도자들이나 스스로 신실하다고 자부하는 기독교인들도 **요한의 세례가 하늘로부터 왔다는 사실**을 믿지 않습니다. "성자(聖子) 하나님이신 예수님이 왜 인간인 세례 요한에게 세례를 받았습니까?" 하고 그들에게 물으면 그들은 엉뚱한 대답을 합니다. 그들의 대답은 기껏해야 "그것은 예수님의 메시아 선포식이였다" 또는 "예수님께서 겸손의 본을 보여 주시기 위해서 세례 요한에게 세례를 받은 것이다"라고 대답합니다. 그러나 그런 대답은 천부당만부당한 말씀입니다. 주님께서 친히 "**이제 허락하라 우리가 이와 같이 하여 모든 의를 이루는 것이 합당하니라**"(마 3:15) 하시며 세례 요한에게 세례를 베풀라고 명령하셨습니다. 예수님께서 세례 요한에게 받으신 세례는 전 인류의 죄를 단번에 넘겨받아서 이 세상에 "**모든 의**"를 이루신 합당한 사역이었고, 요한이 반포했던 "**그 세례**"(행 10:37)는 "**의의 도**"(마 21:32)의 요체(要諦)입니다.

죄 사함을 받으려면
먼저 참된 회개가 있어야 합니다

참된 회개란 자신이 지옥에 가야 할 죄인이라고 인정하고 하나님의 긍휼을 바라며 하나님께로 돌아서는 것입니다. 세례 요한에게 "**의의 도**"를 들은 창녀와 세리들은 자기들을 돌아보고 진정으로 돌이켜서 하나님의 긍휼을 바라며 세례를 받았습니다. 반면에 대제사장이나 장로들은 자기들이 신앙생활을 잘하고 있다고 자부했습니다. 그들은 회개할 것이 전혀 없었습니다. 그들은 자기들이 누구보다도 율법을 잘 지킨다고 자부했습니다. 그러나 하나님 앞에서 율법을 모두 지켜서 스스로 의롭게 될 자는 아무도 없습니다. 그런데도 바리새인들이나 종교지도자들은 자기의 의를 자랑하며 요한이 반포한 "**의의 도**"를 믿지 않았습니다. 그들은 종시 뉘우쳐 진정한 회개에 이르지 않았습니다.

오늘날의 기독교인들도 똑같습니다. 그들은 자기들은 정통파이며 잘 믿는다고 착각하고 자기들은 구원을 받았다고 확신하지만, 그들의 마음에는 분명히 죄가 있습니다. 그리고 마음에 죄가 있는 자들은 지옥에 갑니다. "**죄의 삯은 사망**"(롬 6:23)입니다. 마음에 죄가 호리(毫釐)라도 있으면 지옥의 심판을 면할 수 없습니다. 그래서 누구든지 하나님의 구원의 은총을 입으려면 먼저 진정한 회개에 이르러야 합니다.

오늘 본문에 거론된 두 아들의 비유는 참된 회개에 이른 자라야 구원을 받는다는 말씀입니다. "그러나 너희 생각에는 어떠하뇨 한 사람이 두 아들이 있는데 맏아들에게 가서 이르되 얘 오늘 포도원에 가서 일하라 하니 대답하여 가로되 아버지여 가겠소이다 하더니 가지 아니하고 둘째 아들에게 가서 또 이같이 말하니 대답하여 가로되 싫소이다 하더니 그 후에 뉘우치고 갔으니 그 둘 중에 누가 아비의 뜻대로 하였느뇨"(마 21:28-31). 첫째 아들은 대제사장들이나 장로들과 같은 종교지도자들을 빗댄 말씀입니다. 그들은 "내가 하나님을 잘 믿겠습니다. 하나님을 기쁘게 해드리겠습니다"라고 고백하며 신앙생활을 하지만 실제로는 하나님께서 기뻐하지 않는 종교인의 길, 즉 자기의 의를 쌓으며 회개하지 아니하는 율법주의의 길을 고집했습니다. 그런데 창녀와 세리들은 하나님 앞에서 "나는 하나님의 말씀을 순종하지 못하겠습니다. 나는 내 멋대로 살겠습니다" 하고 거역했다가 요한의 책망을 듣고서 돌이켰습니다. 그들은 자기의 죄악된 근본 모습을 인정하며, "하나님, 저는 지옥에 가야 마땅한 자입니다. 저를 불쌍히 여겨 주십시오" 하고 뉘우쳤습니다. 그리고 그들은 요한이 반포한 **"의의 도"**를 믿었습니다. 마음에 죄가 있는 사람은 자기가 지옥에 갈 자라는 사실을 인정하고 반드시 회개해야 합니다.

이방인들에게 맡겨진 구원의 사역

주님께서는 또 다른 비유의 말씀을 들려주셨습니다. 어떤 주인이 좋은 포도원을 만들고 **"산울로 두르고 거기 즙 짜는 구유를 파고 망대를 짓고"** 농부들에게 맡겼습니다. 추수할 때가 되자 그 주인은 그 포도원의 실과를 받으려고 종들을 보냈는데, 포도원을 맡은 자들이 주인의 종들을 때리고 핍박하고 죽이기까지 했습니다. 그래서 더 많은 종들을 보냈더니 그들에게도 그렇게 악을 행했습니다. 그래서 그 주인은 "마지막으로 내 아들을 보내자! 그들이 내 아들은 알아보고 순종하겠지!" 하며 아들을 보냈더니, 농부들은 "이 아들을 죽이면 이 포도원은 우리들의 것이 되겠구나!" 하며 그 아들을 죽였다는 비유입니다.

하나님께서는 이스라엘 민족을 제사장 족속으로 삼으시고(출 19:6) 하나님의 복음을 전파해서 의의 열매를 거두는 포도원의 사역을 이스라엘 백성에게 맡기셨습니다. 그런데 이스라엘 민족의 종교지도자들이 자기들의 욕심만 채우고 하나님께서 맡기신 일에 충성하지 않았습니다. 이스라엘 백성은 하나님의 제사장 직분을 맡아 만민에게 구원의 도를 전파해야 했거늘 그들이 그 일을 소홀히 하고 방임했습니다. 그래서 하나님께서는 많은 선지자들을 보내셔서 그들에게 경고하셨지만 그들은 하나님의 종들을 핍박하고 죽였습니다. 그리고 끝내는 하나님의 아들까지도 십자가에 못 박아 죽였습니다.

이렇게 되면 포도원의 주인은 어떻게 하겠습니까? **"그러므로 내가 너희에게 이르노니 하나님의 나라를 너희는 빼앗기고 그 나라의 열매 맺는 백성이 받으리라"**(마 21:43). 포도원의 주인은 그 포도원을 빼앗아서 충성되게 일할 자들에게 맡기십니다. 구약시대에는 이스라엘 백성이 하나님의 말씀을 맡아서 전파하는 사역을 담당했지만, 하나님 아버지께서 당신의 외아들을 보내셔서 그들에게 경고했는데도 종시 뉘우쳐 예수님을 믿고 따르지 않았습니다. 그래서 이스라엘 민족은 제사장의 직분을 빼앗겼습니다. 하나님께서는 이제 복음 전파의 직분을 이방인들에게 맡기셨습니다.

사도 바울은 이제 하나님께서는 이방인들에게 복음을 맡겨서 많은 이방인들이 먼저 **"죄 사함으로 말미암는 구원"**(눅 1:77)을 받은 후에 이스라엘 민족이 구원을 받게 하실 것이라고 예언했습니다. "형제들아 너희가 스스로 지혜 있다 함을 면키 위하여 이 비밀을 너희가 모르기를 내가 원치 아니하노니 이 비밀은 이방인의 충만한 수가 들어오기까지 이스라엘의 더러는 완악하게 된 것이라"(롬 11:25). 그러나 하나님께서 당신 백성을 끝내 버리시겠습니까? 그렇지 않습니다. 하나님의 섭리 안에는 마지막 때에 한 번 더 이스라엘의 구원이 있다고 말씀합니다. 그러나 지금은 이스라엘 백성의 대제사장들이나 장로들이 하나님의 말씀을 버렸기 때문에, 하나님께서는 복음의 촛대를 그들에게서 빼앗아서 이방인들에게 맡기셨습니다. 우리도 이방인들 중에서 먼저 은혜를 입고 하나님의 자녀가 되었습니다. 이제는 우리에게 복음의 촛대가 있어서, 우리가 골방에서 속삭이던 것을 지금은 지붕 위에 올라가서 외치고 있지 않습니까?

하나님 교회의 머릿돌이 되신 예수 그리스도

"예수께서 가라사대 너희가 성경에 건축자들의 버린 돌이 모퉁이의 머릿돌이 되었나니 이것은 주로 말미암아 된 것이요 우리 눈에 기이하도다 함을 읽어 본 일이 없느냐"(마 21:42).

큰 석조건물(石造建物)을 지으려면 먼저 반듯하고 큰 돌을 골라서 한쪽 모퉁이에 놓습니다. 그 돌을 모퉁잇돌이라고 부릅니다. 그리고 작은 돌들을 그 모퉁잇돌에 연결하고 쌓아 올려서 큰 건물을 완성합니다. 예수 그리스도는 하나님의 교회의 모퉁잇돌입니다. 죄 사함을 받고 의인으로 거듭난 우리들은 모퉁잇돌이신 예수님께 연합되어서 하나님의 교회를 지어 나갑니다. 죄인은 결코 주님과 연합할 수 없습니다. 주님의 구원의 말씀, 즉 **"물과 피의 복음"**을 믿는 자들만 주님과 같이 거룩하고 의롭게 되어 주님께 연합할 수 있습니다. "너희는 사도들과 선지자들의 터 위에 세우심을 입은 자라 그리스도 예수께서 친히 모퉁이 돌이 되셨느니라 그의 안에서 건물마다 서로 연결하여 주 안에서 성전이 되어가고 너희도 성령 안에서 하나님의 거하실 처소가 되기 위하여 예수 안에서 함께 지어져 가느니라"(엡 2:20-22). 죄 사함을 받은 우리들은 모퉁잇돌이신 예수님께 연합되어서 하나님의 교회를 이룹니다. 모퉁잇돌과 연합되어서 하나님의 집을 짓는 것이 거듭난 우리의 본령(本領)이고 존재 이유입니다.

세례 요한의 제자였다가 예수님의 사도가 된 사도 요한은 "예수께서 하나님의 아들이심을 믿는 자가 아니면 세상을 이기는 자가 누구뇨 이는 물과 피로 임하신 자니 곧 예수 그리스도시라 물로만 아니요 물과 피로 임하셨고 증거하는 이는 성령이시니 성령은 진리니라"(요일 5:5-7)고 증거했습니다. 주님은 "물과 피"로, 즉 세례와 십자가로 우리를 모든 죄에서 구원하신 하나님의 아들입니다. 그런데 감히 모퉁잇돌이신 주님께 도전하는 자들이 있습니다. "예수님이 세례와 십자가로 우리를 구원했다는 주장은 이단의 교설이다. 나는 예수님이 십자가의 피로만 우리를 구원했다고 확신한다"라고 고집을 부리는 자들이 많습니다. 이는 모퉁잇돌이신 주님의 말씀을 끝까지 대적(對敵)하는 짓입니다. 그들은 세례 요한이 "의의 도"로 증거한 예수 그리스도의 복음을 끝까지 부인했던 이스라엘의 종교지도자들과 다를 것이 없는 자들입니다.

우리 속담에 "계란으로 바위 치기"라는 말이 있습니다. 계란으로 바위를 치면 바위에는 흠집도 나지 않지만 계란은 박살이 납니다. "당신은 예수님께서 물과 피로 임하셨다고 믿지만 나는 내 목에 칼이 들어와도 예수님이 피로만 임했다고 확신해!"—이런 자들은 자기의 알량한 머리로 모퉁잇돌이신 예수님을 힘껏 박아 보겠다는 셈입니다. **"물과 피로 임"**하신 주님께서 구원의 복음을 견고하게 세워 놓으셨는데 그 진리의 복음을 부인하고 자기가 믿고 싶은 대로 믿는 자는 주님의 철장(鐵丈)에 박살이 나고 깨어질 것입니다.

"이 돌이 사람 위에 떨어지면 저를 가루로 만들어 흩으리라"(마 21:44). "예수님을 믿지 않으면 지옥에 간다고? 지옥에 가게 되면 가지! 모퉁잇돌과 내가 무슨 상관이 있냐?" 하고 예수님을 무시하는 자들도 많습니다. 그런 자들은 주님께서 그냥 놔두셨다가 심판 날에 저들을 가루로 만들어 지옥에 처넣으실 것입니다. 그런 자들은 하나님을 경외함으로 속히 회개하고 이 진리의 원형복음(原形福音)을 온전히 믿어야 할 것입니다.

말씀을 마쳤습니다.

마태복음 강해 설교집
모든 의를 이루신 예수 그리스도 Ⅲ

2018 년 3 월 12 일 초판 인쇄

Copyright © 2018 by Uijedang Press
All rights reserved. No part of this publication may be reproduced, distributed, or transmitted in any form or by any means, without the prior written permission of the publisher.

발행처   도서출판 의제당
주소   제주특별자치도 제주시 계명길 10 (외도일동) 2 층

홈페이지   www.born-again.co.kr
         의제당.kr
블로그   pilgrim1952.blog.me
문의   uijedang@naver.com

Author   Samuel J. Kim
Editor   Tim J. Kim
Cover Art / Illustrator   Leah J. Kim

ISBN   979-11-87235-36-1   04230
ISBN   979-11-87235-30-9 (세트)

가격   10,000 원